JN091376

はじめに

私は、２０１０年秋から、生まれ育った東京の世田谷で政治活動を始めました。ちょうど10年です。

そして今、新型コロナウイルス感染症が世界的に蔓延しています。多くの国民が困窮しているにも関わらず、まるで他人事である政治の現場を見て、あらためて怒りが湧いてきました。

政治活動区切りの年であり、また明日がどうなるか分からない中で、政治家として一つの見解を示そうと、筆を執ることにしました。

本書は、前半は自らの歩んできた道を、後半は私なりに考えるわが国の現状とこれから進むべき道について、まとめました。好きな時間に好きなペースで読んでいただけましたら幸いです。

この10年、あらゆるところで演説をして歩いてきましたが、自分の半生や、政策の全体像までは話す機会はありませんでした。あまり長くならないよう、そして、難しい言葉は極力使わないようにしたつもりです。世の中を見る上での、一つの参考にしていただければと思います。

本書はあくまで中間点ですが、私は、この道に沿って、これからも世の中をよくするため、日々精進してまいります。

２０２０年夏　　東京・世田谷区内にて

＊目次

はじめに　3

第Ⅰ部　理念と行動——あゆみを振り返りながら

1章——憧れから志へ

桶屋のせがれ　13／政治への興味　15／多様な人と机を並べて　17／憧れの政治家、現る　19／田中秀征さんへの手紙　22

2章——助走

狙いは慶應義塾大学　25／自分の目で世界中を見てみたい　28／政治家の卵として　30／映画と読書　33

3章——準備

急がば回れ　35／金融業界の3年間　37／選挙に出たい！　41

4章　政界

江田憲司さんの苦笑　43／秘書として　45／クレジットカード献金の実現　47／一人ひとりの善意を集める　50／胎動あれど、産みの苦しみ　52／新党結成　54／世界一周の旅へ　57

5章　出馬

新しい波　59／経験の継承　62／大切な地元は激戦の東京6区　64／初出馬、落選で得たもの　66／支えとなった人々　68／東日本大震災　70

6章　当選

筋を通して離党　73／あわや廃業か　75／2度目の挑戦　77／公職のあり方　81／息子たち　83

7章　議員
国会質問と議員立法　85／海外視察も現場目線で　88／公僕としてオープンな姿勢を　90／政局、動く　93

8章　信念
捨て身　97／立憲民主党から出馬　99／人の縁、党の縁　101／党の役職　103／三つの方針　105／今の野党に足りないのは　108

第II部　方針と提言――未来への舵取りとして

9章　世界の潮流を観る
グローバリズムの功罪　113／多文化と均質化　116／均質化とボーダーレスの罠　118

／吸い上げられるマネー　120／行きすぎた金融資本主義に未来はない　123／
複層経済圏へ　124

10章　波に呑まれないために

「働く」を守る　127／外国人労働者と賃金　129／脱グローバル化へ　132／「アベノミクス貧乏」が生まれている　133／〝お金をいかに幅広く環流させるか〟が好循環のカギ　136／政策は状況に応じて――英国の例　138／日本の政策転換点は？　140

11章　国内政策はこうだ！

社会保障には課税の累進強化を　143／弱い者いじめにならない税制の実現を　146／「原発ムラ」が見えにくいワケ　148／原発から自然エネルギーへ　151／生産性と社会コストを考える　154／多機能分散×水平指向×小規模経済圏　157

12章　防衛と外交の考え方

「安保法制」の何が問題か　161／自衛とは自国を守ること　167／〝安倍外交〟のマヤカシ　170／人権を尊重し、主権を守る　173

13章　民意と官意

「民権」の歴史　177／「官権政治」は責任を取らない　180／投票する民意　182／立候補する民意　186／民意の根底は教育　189

14章　分断から包摂へ

ネット文化を善用する　193／「中庸」と「中道政治」　195／３４００年続く〝鉄パラダイム〟を超えて　197／世界が変わる、世界を変える　200

おわりに　203

第Ⅰ部

理念と行動——あゆみを振り返りながら

1章 憧れから志へ

桶屋のせがれ

私は1979年に、東京都世田谷区の駒沢に生まれました。

実家はもともと風呂桶屋です。後に住宅設備全般も業務に加え、今でも両親と叔父たちが細々と仕事をしています。私の曾祖父の代、1934年に、今の場所、世田谷の駒沢で家業を始めたそうです。

菩提寺は神奈川県の鎌倉で、そのお寺に行くと、檀家に落合という名前がずらりと並んでいます。歴史を調べると、北条家の家来のそのまた家来くらいに落合という名字が結構いるようです。おそらくその辺に土着した一族で、長男ではないので分家して、職人にでもなった者が先祖なのでしょう。

風呂桶とは、お風呂が木で作られていた頃の浴槽のこと。バブル期の前くらいまでは、それなりの数の風呂桶屋があったようです。私も、小学校に入る頃までは、木製の湯船が家の店頭に並んでいたのを、かすかに覚えています。

私の生まれた年は、第二次世界大戦が終わってからまだ34年です。両親は戦後生まれですが、祖父母は戦争を体験していますし、まだ周りに戦争経験者がたくさんいました。今年（2020年）は、戦後75年も経っていますから、戦争体験者もだいぶ減りました。

4人の祖父母の中で、母方の祖母はまだ健在です。子供の頃、よく戦争の話を聞きました。空襲に備えて、夜になると、電灯の明かりが漏れないように、窓を黒い布で覆っていたそうです。祖母の父親は戦死したとも聞きました。

つい最近亡くなった祖父は、訓練生としてどこかで訓練している時に戦争が終わり、戦地に行くことはなかったようです。

父方の祖父は、戦地で橋などを作ったりする工兵だったと聞きました。職人なので、その任務に就いたのでしょう。現地で木を切って、橋を作ったということです。

父方の祖母だけは、私が生まれる前に亡くなってしまったので、会ったことはありません。

職人の家なので、カンナやノコギリや釘がいつも置いてありました。幼い頃、祖父にノコギリの切り方や、釘の打ち方や、カンナの研ぎ方を教えてもらいました。妹は上手だったのですが私はまったく下手で、「絶対に家業を継ぐな」と言われました。この一言が無ければ、私は政治家になっていなかったかもしれません。

政治への興味

義務教育を修了したら働くのが職人の家です。新聞の政治欄をじっくり読んだり、ぶ厚い本を読んだりする者は、わが家にはいませんでした。しかし、私は、物心ついた頃から、政治に興味を持ち、歴史にも関心がありました。いつも地図を広げて、日本や世界がどうなっているのか、子供ながらに考えたものでした。

小学校2年生の時の、歴史の本を読んだ感想文が残っています。「どうして人はいくさをするのですか?」と疑問を投げかけ、興味の向く先が知れます。

小学校高学年になると、新聞も理解できるようになり、長編の歴史小説も読むようになります。

初めて読んだ本格的な歴史小説は、海音寺潮五郎著『天と地と』。主人公は上杉謙信です。それから四半世紀近く後に、私の後援会長に、末裔である上杉孝久さんに就いていただいたのも何かの縁でしょう。

小学校4年生の秋に、東西冷戦の象徴だったベルリンの壁が崩壊。5年生の時に湾岸戦争。6年生の年にはソ連が崩壊して、冷戦が終結。テレビも新聞も、数十年に一度の激動を報道していました。まさに歴史的な動きで、これから世界はどうなっていくのか、冷戦後の世界はどうあるべきか、そうしたことに関心が向いていきます。

それまで何となく、社会科の先生になりたいと思っていたのです。それがこの時期にはっきりと「歴史の中のプレイヤーになりたい」と意識し、政治家への決意を固めるようになります。

ナポレオンはいい軍人になるために、子供の頃、美味しい白パンを軍隊用の黒パンに換えてもらったと言います。私も、政治家になるには、晩餐会でナイフとフォークを使って上手にご飯を食べられるようにならなくてはいけないと思い込み、母親の作った豚の生姜焼きを食べるにも、食卓で一人ナイフとフォークを使ったものでした。

友達の都合が悪く一人で遊ぶ日には、「選挙区まわり」と称して、世田谷区中を歩いてまわったりもしました。今でも、「この道、子供の頃に選挙区まわりして以来だ」と思い出すことがあります。

そんな「政治少年」でしたから、学校の授業が面白いわけがありません。勉強は好きなのに、授業では私の知りたいことがない。いつしか先生の話は聞かずに、机の下で、偉人の伝記や政治家の本を読むようになりました。そんな調子ですから、小学校、中学校と、成績はよくありません。休み時間や放課後はクラスメイトたちと遊び、授業中は本を読む。そんな生活を送っていたのです。

多様な人と机を並べて

東京は、私立の学校が多く、また私の小学校高学年の頃はバブル景気だったので、多くの同級生は中学受験をしました。初めての人生の分かれ道です。

私は考えた結果、中学受験はしないという決断をしました。ここら辺の逡巡は、今でもはっきりと覚えています。

まず、中学受験の塾の勉強のために膨大な時間を使うのはもったいないと思いました。小学生の時は、遊ばなければ、人間として成長できない。子供心に、そう考えていました。

また、私立の中学校だと、視野が狭くなってしまうのではとも思いました。世の中には、多様な人がいる。成績や家庭の環境で選抜した学校に行けば、友人も同じような人間ばかりになってしまう。それでは、自分の人生を狭めてしまう。

人生に正解はありません。それぞれの選択があってしかるべきです。しかし、将来政治家という道を進むのであれば、この決断は間違いではなかったと思っています。世襲議員が多すぎることが、今、問題になっていますが、国会議員の子息であれば、多くは小学校から私立に行きます。それでは世の中を見る目を養えません。自分と有権者の間に、心理的な溝ができてしまいます。将来の有権者と一緒に机を並べて学び、一緒に遊び、いろいろな家庭に接する。そうした経験は、間違いなく私を豊かにしました。

衆議院議員当選後、政治に詳しい地元の方から言われたことがあります。

「この選挙区で国会議員になった人で、地元の区立の小中学校を出ているのは君が初めてだよ」

調べてもらうと、本当にそうでした。

政治が有権者にとって他人事になってしまう本質は、こうした点にあるのかもしれません。同級生や子供の頃から知っている人が選挙に出れば、政治は他人事にはなりません。

憧れの政治家、現る

世界の激動は、日本の政治にも影響を及ぼしました。

1955年から政権を担ってきた自民党が、1993年、私が中学2年生の時に政権の座から降ります。細川護熙さんが既存政治の刷新を掲げ、日本新党を立ち上げると、衆議院の当選1回ながら一気に総理大臣になります。

その頃、政治は多くの国民の注目を集め、政治家による著書が売れていました。私も夢中になって読みました。小沢一郎さんの『日本改造計画』、浜田幸一さんの『日本をダメにした九人の政治家』、武村正義さんの『小さくともキラリと光る国・日本』、細川護熙さんの『日本新党 責任ある変革』などです。

その中で、運命的な本に出会います。田中秀征さんの『さきがけと政権交代』です。

自民党の衆議院議員であった田中秀征さんは、時の総理宮沢喜一さんのブレインでした。宮沢総理の懐刀として、日本をいい方向に持っていくんだと意気に感じて働きながら、同時に自民党の限界も感じていました。そんな中、細川護熙さんと出会い、細川さんの同志となる。田中秀征という強力な懐刀を得た細川さんはどんどん登り詰め、日本新党はブームに。そして、田中秀征さんは、当時の若手改革派、武村正義さん、鳩山由紀夫さんらと共に、自民党を飛び出し、新党さきがけを結成、その党のナンバー2になります。

これが引き金となり、自民党から大量に議員が離党し、一気に政権交代が起こります。そして、細川護熙さんが総理に就任しました。田中秀征さんは、総理のアドバイザーとして、首相特別補佐というポストで、総理官邸に入ります。

私は、いろいろと調べるうちに、田中秀征さんが、この日本の政界の激動期に一番重要な役割を果たしていると判断しました。そして、田中秀征さんの著作を読み漁ったのです。

田中秀征さんは、世襲政治家ではありませんでした。長野県の田舎から、刻苦勉励して国会議員に弟子入りし、自分の故郷から立候補して、何年もかけて国会議員になり、日本の政治を動かすまでになった人物です。「よし、こういう人になるぞ！」私は意を決しました。

サッカーや野球の選手もそうですが、子供の時に憧れの選手、目標の選手が見つかると、とたんに自分の将来のイメージが湧き、それに向かって突進していくものです。私も自分の人生についてのイメージが湧いてきました。

自分の人生はお金儲けのためではなく、社会のために捧げたい。勉強して、将来は大学に通い、田中秀征さんに弟子入りし、できれば地元の国会議員である石井紘基さんの跡を継ぎ、世田谷から衆議院選挙に出る。企業からの賄賂はもらわない。環境問題や人の幸せと経済発展とを両立させる政策を考える。地方議会と国会は違うので、地元の問題は、地域政党「世田谷行革１１０番」などの区議会の方々からよく話を聞く。その他諸々――その頃の私のメモの概要です。ずいぶん具体的なことを考えていました。

振り返ってみると、紆余曲折はありましたが、おおよそその通りの道を歩んでいます。

孔子の語録『論語』には、「十有五にして学を志し、三十にして立つ」とありますが、田中秀征さんの著作に出会ったのが15歳。自分の事務所を立ち上げたのが31歳。そして41歳の今、もちろん、私は人生に惑いはありません。

田中秀征さんへの手紙

誰にでも理想と現実には乖離があります。中学3年生ではっきりと志を立てましたが、あいかわらず成績はふるいません。しかし、政治家を目指すからには、高校、大学へと進学するのが近道です。

中学校3年生の夏に、高校受験向けの模擬試験を受けました。偏差値は最下位レベルの38です。これではいけません。英語は、アルファベットの順番も分からないので、辞書もろくに引けないのです。中学3年の12月から、ようやく一念発起して、まず、アルファベットの順番を覚えました。それから中学1年生の英単語から順に覚えていきました。

夜中まで勉強して、夜明け前に起きてまた勉強して。授業はついていけないので、授業中も、自分の勉強をする。朝から晩まで、受験勉強をしました。

すると週を追うごとに、テストで点が取れるようになります。そんな悪戦苦闘の3

か月の末に、なんとか第一志望の國學院高校合格。なぜその高校を選んだのかという と、東大に1名合格者を出していたからです。ちなみに、合格したのはこの第一志望の高校のみ。どうやらギリギリの所を歩んでいたようです。

高校受験の後、中学校で3年間かけて教えているあの授業は何なのかと思いました。集中すれば3か月で身につく内容なのに、なぜそんなに時間をかけるのだろう。日本の教育は有意なのか疑問が湧き始め、社会に幻滅し、大人に対し反発を持ち始めました。

そういった社会への疑問をびっしり手紙に書いて、田中秀征さんの事務所に送りました。田中秀征さんはその頃、政権の中枢にあり、いつもテレビのニュースや政治番組に出演しています。その忙しい憧れの政治家から、数日後、返事のお手紙と著書が送られてきました。

高校球児であれば、一流のプロ野球選手から手紙をもらうようなものです。この手紙が、さらにはっきりと、自分の将来への決意を固めることとなりました。

後々、政治の世界に入ってから、田中秀征さんにその話をしますと、「子供からの手紙には返事を書いていた」とのこと。ご自身も子供の頃、当時の吉田茂総理に手紙を書いた経験があるからだそうです。私も、その経験から、若者からのお手紙には、全部返事を出すことにしています。今はＳＮＳがあるので、ずいぶんやり取りはしやすくなりました。いつかそのやりとりの中から、次の政治家が生まれるかもしれません。

2章

助走

狙いは慶應義塾大学

高校でも、相変わらず授業は面白くは感じませんでした。友人たちと遊びながらの、皆と変わらぬ高校生活です。しかし時代は動いており、世間は本格的な不況に突入していました。山一證券が破綻して、社長が泣いて会見していたのは、私が高校3年生の頃です。

瞬く間の3年間で、また受験がやってきます。田中秀征さんが東京大学卒業だったので、初めは東大受験を考えました。しかし当時は、東大卒の高級官僚による不祥事が続出していました。頑張って勉強して東大に入っても、いい人生ではないのではないか。日本社会のピラミッドの頂点である東大と官僚、そしてそれを取り巻く構造に問題があるのではないか。

そんなことを考えながら受験勉強をしていて、たまたま出会った文章が、慶應義塾大学の英語の入試問題で出題された『福翁自伝』です。言わずと知れた、大学創設者福沢諭吉の自伝の、英訳でした。

「大分の中津藩から大阪に出て、当時最先端だと思われていたオランダの言葉を一心不乱に学び、成果を試そうと開国後に外国人がたくさん来ていた横浜に行った。すると、オランダ語は通じず、今の時代は英語が重要であることが分かった。幕府が鎖国をしているうちに、世界は大きく動いていたことを横浜に来て初めて認識した。何年も徹夜をして勉強したオランダ語の知識は無駄だったことが分かったが、今日から英語を勉強しようと決意を新たにした」

という話です。自分の長年の努力が無駄になったにもかかわらず、世界の実情をこの目で見たことで、また新しいことに挑んでいく。この判断力と決断力、行動力に、私は、自分の中に稲妻が走るのを感じました。福沢諭吉がこの時代に何を感じ、何をしたのか、もっともっと知りたい。

福沢諭吉の本を読んでみると、鎖国していた日本がこれからどこに進むべきか、素晴らしいことがたくさん書いてあります。そして、ふと現実の政界を見てみると、その当時の総理大臣は橋本龍太郎さん。野党の党首は小沢一郎さん。国会に銅像がある「憲政の神様」は尾崎行雄さん。全員慶應義塾大学で学びました。

私は、慶應義塾大学に向かって、突進することにしました。

しかし高校3年生の時は、受験勉強よりも福沢諭吉の本に没頭。それがたたって、浪人生活に入りました。

そうなると、朝起きてから夜寝るまで、何をするか自分で決められます。何も義務はありません。そんな生活は、性に合っていました。あるいはこれまでの人生で一番ためになった時期かもしれません。誰にも強制されることなく、決めたことに責任を負うことを学んだのです。

またこの時期に、小学校1年生から高校3年生までの12年分、学校の授業で納得できなかったことも、疑問に思っていたことも、自分なりに解釈することができました。物事の理解の仕方を確立し、今の仕事をする上でも財産になっています。

そんな浪人の1年間を経て、晴れて慶応義塾大学経済学部に入学しました。

「政治に興味があったのに、なぜ政治学科ではなく、経済学部に？」とよく尋ねられます。

私が政治に興味を持ったきっかけの一つは、冷戦の崩壊でした。なぜ、社会主義国は崩壊してしまったのか。私は、経済政策に問題があったのではと思っていました。いくら高邁な政治思想を持ってしても、国民一人ひとりが、その日のご飯を食べられなければ、政治体制は崩壊する。いい世の中を実現するには、いい経済を実現しなければならないと、漠然と考えていました。

また、尊敬する福沢諭吉が、慶應義塾の設立の際に重視したのが、医学と、お金についての理財学。福沢の考えていたことも辿りたいとも思い、経済学部を選んだのです。

自分の目で世界中を見てみたい

大学でも、友人に恵まれました。昼間は学校に通い、夜は、生活費を稼ぐために、地元三軒茶屋の学習塾でアルバイトをしました。バイト仲間に、近くの昭和女子大学に通っていた壇蜜さんもいました。壇蜜さんはあるインタビューで、「落合さんは子供たちから慕われていた」と語っていますので、悪い先生ではなかったようですね。

生活は楽なものではありませんでした。それでも、毎日200円くらいの一つのバゲットを朝昼晩に分けて食べるなど、極限まで食費などは削り、お金を貯めて旅をしました。旅は私にとって人生の教科書です。日本史や世界史の教科書に出てくる場所は、全部、自分の目で見たいと思いを巡らせていました。

大学を卒業するまでに、日本国内はほとんど見て回りました。海外は、資金的な問題でそんなに頻繁には行けませんでした。それでも、格安チケットを買い、リュックを背負って、イースター島、アンデスの街々、インド、タイ、マレーシア、シンガポール、韓国などに足を運びました。

インドに行ったのは、大学4年生の秋です。友人たちと3人で、デリーの飛行場からタクシーに乗ったところ、そのまま山の中のアジトのような小屋に連れていかれ、閉じ込められてしまいました。「パスポートを出せ、お金を出せ」と脅され、私はとっさに「日本の銀行のデリー支店で働いている。携帯で電話をすればすぐに迎えが来る」などと、適当なことを英語で応えました。小屋の周りでは、地元の男たちが何十人も、バイクにまたがって、話をしています。友人の一人が日本語で「もう議論をしても仕方ないので逃げよう」。覚悟を決めて一斉に小屋を飛び出し、全速力で走ります。小屋を取り巻いていた男たちは、自分たちに向かって突っ走ってくる私たちに一時目を丸くしますが、すぐにバイクで追いかけてきます。それを林の中に逃げ込んでうまくまいて、気づけば明け方まで走り続けて、逃げ切ったのでした。

ショッキングな出来事で、しばらくカレーも食べられなくなりました。しかしそれを機に、英語でディスカッションができるようになりましたし、それからは大抵のことでは動揺しなくなりました。火事場の馬鹿力と言いますが、人間、その気になれば、何でもできるようになるのですね。

社会人になってからは、なかなか時間がなく、いろいろなところには行けませんが、世界のあり方を考える上でも、できるだけ多くの場所に行きたいと、今でも思っています。

政治家の卵として

やる気と行動力と工夫があれば、何でもできる。大学生なら時間もある。そんな考えを胸に、私は様々な試みに挑みました。

当時の資料を振り返ってみると、まず、２００１年、３年生の時に、大学の垣根を越えた50くらいのゼミを集め、政治家や学者に政策提言を行うイベントを開催しています。参加者は、当時最前線で活躍している政治家や学者だけでなく、後に名を上げるその道の卵たちも名を連ねています。中でも記憶に残るのは、当時の野党第一党民主党の鳩山由紀夫代表を招き、学生代表として握手をした時のことでしょう。大勢のメディア関係者に囲まれ、ものすごいフラッシュを浴びました。

もう一つ、この年は海上自衛隊創設50周年でした。そこで、自衛隊の若手幹部候補たちと一般の大学生との交流が取り組まれ、私は学生側の窓口の一人になりました。その時に知り合った自衛官の中には、後に海上自衛隊のトップになった方もいます。私の当選後は、国会議員と自衛官という立場を超えて、防衛の現場の特殊な環境について、率直に教えてもらっています。

翌2002年は、沖縄で「沖縄サミット学生版」を開催しました。台湾、韓国などの大学生を集めてのイベントです。沖縄は、東アジアや東南アジアを結ぶ要所として、歴史的な役割を担ってきました。その沖縄を、国内の学生や東アジアの学生に知ってもらいたい。そんな思いでした。沖縄サミットの2年後であり、サッカー・ワールドカップの日韓共催の年です。東アジアの新しい時代の幕開けを、誰もが実感していた頃でした。

またその年に、政府税制調査会が、学生の意見も聞こうということで、私も学生代表の一人として、政府税調の特別委員の一人に加わり、公の場での意見表明の機会を得ました。時は小泉内閣で、高齢の塩川正十郎さんが財務大臣でした。私が指摘したのは、世代間格差の問題です。就職氷河期だった私たちの世代は、今でこそ「失われた世代」「ロストジェネレーション（ロスジェネ）」と言われていますが、その真っただ中だった当時は、世代間の不平等について議論されていませんでした。「これは、将来、大きな問題になるし、世代間対立が生まれることもありえる」と、怒りを込めて発言した際の、塩川大臣の嬉しそうな表情は今でも目に焼きついています。

東京大学先端科学技術研究センターでは、複数の企業の方々と一緒に、新規事業についての研究もしました。介護保険が導入された直後だったので、私は、有料老人ホームの民間参入のあり方を研究課題として取り上げました。それまでにない人の繋がりが生まれ、介護施設を経営する方々とは、今でもご縁が続いています。

これらを後押ししてくださったのが島田晴雄教授でした。島田教授は当時五十代後半、すでに政府の審議会の委員や座長などを歴任され、私は大学入学時から先生の授業の全てを履修し、島田ゼミの代表にもなっていました。

様々な仲間と協力してのイベントの開催、いろいろな人との出会い。何をやるのも困難がありますが、何でもやるべきことは挑戦し、踏ん張ってやり遂げる。やり遂げれば、メディアをはじめ多くの反響を得て、よりいっそう勇気づけられる。学生時代にそうしたことを学び、それが今に繋がっています。

映画と読書

大学生時代に、私の人生に奥行きをもたらせたのは、映画と読書でした。

大学1年生の時の英語の先生が、脚本家でした。ハリウッド映画、特に昔のミュージカル映画を題材に、英語だけでなく、映画のストーリーの構成の仕方などについても教えてもらいました。それ以来、学生時代だけでなく、社会人になっても、時間さえあれば、DVDを借りてきて映画を観ました。ここ10年は忙しくほとんど観られませんが、好きな映画を尋ねられれば、ミュージカルの神様フレッド・アステアの代表作『トップ・ハット』、マフィアの世界を描いた大作『ゴッドファーザー』、そして映画好きの少年を描いた『ニューシネマ・パラダイス』をあげます。映画は、自分の体験したことのない人生の場面も体験させてくれます。それが、観た一人ひとりの心の豊かさや強さ、優しさにつながっていくと思います。

また、読書にいっそうのめり込んだのも、大学時代でした。きっかけは、池波正太郎の『真田太平記』をたまたま本屋さんで手に取ったことからです。すぐに引き込まれ、読後は、歴史小説の大御所、司馬遼太郎の本も読みふけりました。さらに塩野七生の『ローマ人の物語』や山岡荘八『徳川家康』など、思いつく限りの歴史長編物に手を伸ばしました。

今でも歴史小説は、布団に入ってから眠くなるまで、毎日読んでいます。そして、いつもかばんには、1冊、政治か経済の本を入れ、移動の際に読むという習慣をかれこれ20年くらい続けています。

次第に本を読むのも早くなり、3～4冊、常に平行して読んでいる感じです。スマホを持つようになってからは、そちらに時間を取られがちですが、なるべく意識してスマホの時間は短くし、本を読み、世の中について考える。その時間が、私の仕事で演説や文章を考える際の力の源になっていると思います。

3章　準備

急がば回れ

大学3年の春のこと。私は江田憲司さんに会いに行きました。

尊敬していた田中秀征さんは、当時すでに選挙に出馬しなくなっていました。誰か応援できる政治家はいないか。そう思いあぐねていると、友人が江田憲司という人物を教えてくれました。橋本龍太郎内閣で秘書官、その後、自民党から出馬したが落選、当時はまだ四十代半ばの俊英……。

それを聞いて、私は江田さんの門を叩くことにしたのです。

その頃の江田さんは、選挙に落ちたばかりで気落ちしているように見えました。元気もなく、うつむき加減で、話の内容も学生の私には難しくてよく分かりませんでした。自身の所属している自民党に、疑問を持っているようでした。江田さんの著書やチラシをいただいて帰りました。読んでみると、素晴らしい。首相秘書官の経験から、政界全体、日本全体を見渡し、政権のあり方にも一家言持っています。

江田さんは、おそらく将来立派な政治家になるだろう。絶対に当選してもらいたい。この縁を大切にしよう、そして、応援しようと心を決めました。

ですがまだ、私には通らなければならない道があります。

大学卒業後は国会議員の秘書になる。それが政界への近道です。しかし学生時代の活動を通じていろいろな方と出会い、様々な経験をする中で、残念ながら、政治の世界は特殊であることに気づきました。社会経験を経ずに、いきなりそこに入り、特殊な空気に染まってしまっていいのか。そうなると、有権者から理解を得られる人間になれないのではないか。そう考えるようになりました。地元世田谷は、多くの人が会社勤めです。世の中を理解する上で、私もまずはビジネスパーソンとして頑張り、その世界で20年くらいしっかり働いて活躍した後、その実績を掲げて政治の世界に入る。そのほうが、より篤実な政治家になれる。私はまず、就職することにしました。

さて、どの業界に就職するか。

その頃、停滞する日本の問題の根源と言われていたのは、銀行の不良債権でした。過去の失敗である不良債権を片づけなければ、日本経済は良くならないと言われていました。この日本の問題の縮図である銀行に照準を合わせることにしました。

次に、銀行の中でも、できれば尊敬できる先輩たちのいる職場で働きたい。当時銀行業界の中で、経営革新に懸命だったのが三井住友銀行でした。新しい業務に力を入れるために証券会社と合弁会社を作ったり、インターネットバンクに本格的に参入したり。私は、三井住友銀行を志望することにしました。

就職氷河期であり、かつ合併でメガバンクが注目され、三井住友銀行は、その年は就職人気ランキングで1位でした。不安はありましたが、無事に内定をいただくことができました。高い競争率の中で選ばれた、個性ある同期たちと出会えたことは、今でも財産になっています。

金融業界の3年間

2003年4月、晴れて三井住友銀行に入行しました。

新人研修の際、同期全員が集められ、頭取（社長）の講演がありました。当時は、強面の敏腕で知られていた西川善文さんが頭取でした。

講演後、質問があればということだったので、手を上げました。「我々の世代は、生徒会長も女性がやっていたことが多かった。成績が優秀な女性も多い。なのに、就職活動になると、男性の方がいい会社に行けて、いくら優秀でも女性だということだけで、就職は門が狭くなってしまう。三井住友銀行は、世界で通用する銀行になることをうたっているが、我々の同期でも総合職に女性はほとんどいない。改めるべきではないか」。すると会場に、緊張が走るではないですか。講師役の先輩行員などは、真っ青です。私はその時初めて、日本の勤め人の立場を実感したのです。

しかし私は、言うべきことを言った、と思っていました。その時頭取が何と答えたかは記憶に残っていませんが、ハッとした顔をして、ニヤッとした表情は覚えています。喜んでいるな、と感じました。

数週間後、新聞に「三井住友銀行、邦銀初、女性支店長」という見出しが躍りました。私の頬が緩んだことは、言うまでもありません。

「不良債権処理」や「金融ビッグバン」が話題になっていた時代です。働いているのは財閥系の総合金融機関ですから、できることもたくさんあります。私は銀行と証券、保険などの分野を融合させて、取引先の法人に新しいサービスを提供する営業担当になりたいと考えました。日本の産業の発展にも大きく貢献をするはずです。思い描いたのは、二十代で一人前の法人営業担当になり、会社から海外の大学に派遣してもらって経営学修士（ＭＢＡ）を取得し、帰ってきたら銀行業界をリードする仕事をして、四十代後半に政界に打って出る、そんなキャリアパスです。

将来選挙に出るのだから、銀行では何でもやりたい。1年目、2年目は神奈川県の湘南地区で中小企業まわり。２０００年代前半の不景気で、しかも銀行は貸し渋りの時代。各企業は大変な思いをしていました。助けることができなかった企業もあります。その中小企業の経営者夫婦の顔が今でも思い浮かぶことがあります。苦境に立った多くの事業者を見てきた経験が、議員になってからも、経済分野の政策に携わる上でいきています。

2年目の途中からは現場を離れて、数か月新卒採用の仕事。新卒採用が終わった3年目、日本橋の東京中央法人営業部で、主に証券会社を担当しました。入行3年目で上場企業を担当するのは稀であり、勉強にはなりましたが、その分大変な毎日でした。

今のように残業に厳しくもありませんでした。毎日終電を気にしながら0時過ぎに退社をして、寮に着くのは1時過ぎ。また5時に起きて出社。寮にいる時間は4時間もありません。当然、睡眠は3時間程度。ご飯を食べる時間がないので、朝は寮の食堂のおばちゃんにオニギリを作ってもらって駅まで歩く間に食べる。昼は、取引先へ向かう間にコンビニのオニギリを歩きながら。夜は、電車を降りてから寮まで歩く間にコンビニのオニギリ。三食オニギリでした。疲労が溜まり、金曜の夜に寝て、起きたら土曜の日没後だったこともありました。起きたら夜で、いったい今日は何月何日なのかと茫然自失などということもありました。心身共に限界に近かったですが、鍛えられたと思います。

ある日、支店に口座を持つ法人の、預金から貸金を引いた金額のリストを作成しました。上位の法人は資金が余っていますから、運用商品を提供する余地があります。営業に回ると、どこも薄暗い中には、○○機構のような見慣れない法人が出てきます。ほかに新聞を読んでいる偉そうなおじいさんがオフィスに、女性の事務員が一人か二人。何かの工事を受注しているとか……暇があさんが一人。ＯＤＡに関連しているとか、何かの工事を受注しているとか……暇があるのかいろいろな話をしてくれますが、切迫感がありません。明らかに、普通の会社とは雰囲気が違っていました。

今になって分かったのですが、それらこそ、高級官僚の天下り先の法人でした。仕事は自動的にもらえ、実際の仕事はその子会社などに回すので、特にやることもない。あの膨大な使っていない預金は今、どうなっているのでしょうか。もちろん、そのリストは、銀行退職時においてきましたが、今になってみると考えるところの多い資料です。

選挙に出たい！

２００５年8月。小泉純一郎総理は郵政民営化を掲げ、衆議院を突然解散しました。たちまち小泉フィーバーが起き、小泉総理がどこで演説しても人だかり。有権者がこんなに政治に興味を持つことは、それまでありませんでした。私の営業エリアでも小泉総理の演説がありました。当然、この日本中の盛り上がりを見て、政治への思いがこみ上げてきます。

忙しく働いている中ですが、しかし、もういてもたってもいられない。私はその時25歳。被選挙権もあります。私も、選挙に出馬しようと思い、上司に相談しました。

しかし「何を突然バカな話を」という反応です。当たり前です。人事部からは、私が採用した学生たちがまだ入行していないのに、辞めるというのは無責任だと言われました。その通りです。しかし、私は、いてもたってもいられないのです。頭を下げ、辞める手続きに2か月かかり、10月末にようやく退職できることになりました。

出たいと思ったその衆議院選挙は当然終わっていました。

突然の退職の決意と行動であったので、心残りだったことはたくさんあります。その一つ、後々まで心の中で尾を引いたのは、海外留学です。海外に何年も留学する費用を自分で捻出するのは難しく、大組織に属していればチャンスがあります。海外でビジネスの勉強をし、経営学修士（ＭＢＡ）を取得したかった。

そんなもやもやは後年、２０１９年になってやっと解消されました。というのも、その年の秋の国会での「会社法」改正案で、私は野党会派を代表して質問に立ち、いかに、海外の経営学、経済学が現実の経済をゆがめているかを理解したからです。これは海外で学んでいなかったからこそ、できたことです。「グローバルスタンダード」と言われる経営理論、経済理論を、それに染まることなく、客観的に見ることができたのです。

4章 政界

江田憲司さんの苦笑

「郵政選挙」と言われる2005年の衆議院選挙で、小泉純一郎総理率いる自民党は歴史的な大勝をしました。与党が圧倒的に数が多いので、このままでは任期の4年間、選挙を行う必要はありません。

退職後、私はまず「4年後の出馬に備えて、誰かの秘書をして政治活動の勉強をしよう」と考えました。まだ26歳になったばかり。下働きも苦ではありません。

誰のもとにつくか……学生時代に出会った無所属の江田憲司さん、地元世田谷で親戚が応援している民主党の小宮山洋子さん、自民党の議員にも何人かツテがありました。秘書になれば、その議員の影響を大きく受けます。当然、その議員と同じ政党に所属することにもなります。

自分の原点はどこにあるのか。それは田中秀征さんです。田中秀征さんがやり残したことを、政界でやり遂げよう。旧体制に支えられている自民党に代わる、政権を担える政党をつくり、有為な人材を政界に送り込んでいこう。そう考えました。野党第一党である民主党は、期待はしていましたが、十分とは思えませんでした。自民党にも民主党にも刺激を与える政党が必要なのではないか。そういった新党をつくりえる政治家、そして、将来政権を担える能力がある政治家。そう考えを進めて、江田憲司さんしかいないという結論にたどり着きました。

江田憲司さんは、1956年に岡山県の警察官の息子として生まれました。東大卒業後、通商産業省（現経済産業省）に入省、1994年橋本龍太郎通産大臣の秘書官、その後の橋本総理誕生後は、39歳という若さで筆頭の総理秘書官を務めています。その経験の中、先輩官僚たちが改革に反対し、省の権益を守ろうとする姿に幻滅し、橋本総理辞任と同時に通産省を辞め、ハワイを放浪。そして2000年の選挙に自民党公認で初出馬しますが落選してしまいます。私が大学生時代に会ったのはこの頃。その後自民党ではいい政治はできないと見切りをつけて離党し、無所属で活動していました。

江田さんとの面接では「本当は田中秀征さんの秘書になりたいが、議員ではなくなってしまったので、仕方ないので、次にいい政治家だと思う江田さんのもとで働きたい」と、今考えてみるとずいぶん失礼な言い方をしました。江田さんは苦笑いです。「近い将来、国政に立候補したい。何でも勉強になるので、年収は200万円でいい」とも話しました。江田さんは、大丈夫かと心配そうな顔で私を見ていました。しかし、自分のもとに飛び込んできた若者に嬉しそうでもありました。

2005年11月から、江田憲司衆議院議員の元で働くことになりました。江田さんはその時、2回目の当選で四十代後半。私は、一緒に試行錯誤しながら、江田さんを押し上げていこうと、強い気持ちで臨みます。

秘書として

江田事務所での仕事は、まずは選挙区の地元まわり。毎日、地元を回り、江田憲司を応援してくれる人の数を増やしていく。今でこそ、選挙区で「江田憲司」と言えば、誰でもすぐに分かるでしょう。しかし当選2回では、「江田憲司です」と言っても、

「えっ？　江田建設？」と企業名と間違えられる始末です。

それでも、銀行の営業より、政治活動でまわる方が、話を聞いてもらえます。政治は誰にでも関係しますし、企業の営業と違って、契約したりお金を払ってもらうわけではないので、心理的ハードルも低いのです。

当時の江田さんは、落選、当選、落選と、当落を繰り返し、まだ地盤が固まっていない状況でしたが、各地に散らばる江田支援者から地元の知り合いを紹介してもらい、点を線にし、線を面にする作業を毎日地道に行い、2〜3年で有権者のネットワークを作り上げました。それからは、選挙で圧勝を続け、今では盤石な江田地盤になっているのはご存知の通りです。

国会議員の秘書は、税金からお給料が払われる公設秘書（政策担当秘書、公設第一秘書、公設第二秘書）と、私設秘書に分けられます。公設秘書は公務員のお給料に準じていて、保険や年金もしっかりしています。私設秘書は、非正規雇用であり、国民健康保険、国民年金である場合が多い。私も当初はそうでした。フリーターと同じ待遇なわけです。これではなかなかいい人材が来ない。家族を持っている人が、会社を辞めて政治の世界に飛びこむことは難しい。江田事務所は、保険、年金も民間並みに整備することにしました。社会保険事務所に足を運んだり、社会保険労務士さんと相談したり、整備に骨を折りましたが、勉強にもなりました。民間並みの仕組みを導入して以来、事務所にいい人材も入ってくるようになりました。

クレジットカード献金の実現

政治活動にはお金がいります。伝統的な政治の世界のお金の集め方は、関係の深い企業から大口の献金を集めたり、資金集めパーティーを開いて、例えば会費2万円で立食で食事はほとんど出さずに、利益を多く出すというやり方をしています。パーティー券は付き合いで10枚買って、実際には行かないという人もいます。実質的な献金です。パーティー券を買うのも企業が多いわけで、特定の企業と政治家との癒着というのは、そういった形で生まれていきます。

私は今でも、政界の癒着をなるべくなくしていこうと、資金集めパーティーも行わず、企業団体献金も受けていません。江田憲司さんもそういうスタイルで活動していました。

しかし、個人献金を小口でたくさん集めるというのは、労力も事務も大変なものです。そこで私は、もっと献金を集めやすくできるように工夫をしたいと考えるようになりました。

２００８年秋から冬にかけて、オバマさんが黒人初の大統領に当選しました。その時に話題になったのが、多くの支持者によるネットを使った10ドル献金でした。

スマートフォンの代名詞である iPhone がアメリカで発売されたのは２００７年。日本でも２００８年に発売されます。本格的なモバイル時代に入り始め、有権者一人ひとりと政治家がつながるようになります。「アメリカのように、ネットを使って、クレジットカードで１０００円から好きな政治家に献金できるシステムを作るべきだ」。そう思いついたのです。

当時、ネット献金は法律で禁止されていると言われていました。自民党の若手改革派の議員たちも、官僚に阻まれてネット献金が実現できないと主張していました。しかし、私が総務省と細かくやり取りをしながら法令をよく調べてみると、全面的に禁止をされているわけではありません。やろうと思えばできるのです。

銀行時代の先輩に話すと賛同され、銀行役員やカード会社役員に説明してまわってくれました。しかし、なかなか話は進みません。理由は「他がやっていないから」。日本の企業にありがちな弊害です。そんな中、大手ネット関連企業もネット献金に注目し始め、先行準備を進める私のもとに、問い合わせが来るようになります。情報交換をしながら、ネット献金実現へ向かっていきます。

そして、2009年初め、あるベンチャー企業がクレジットカードを使うオンライン・ショッピングのシステムを改造し、献金システムを作ってくれました。それを利用して、江田憲司が政治家として日本で初めて、本格的なネット献金を開始することとなりました。その後、ヤフーや楽天も政治献金のためのポータルサイトを立ち上げ、ネットを使った政治献金はあれよという間に当たり前のものとなります。

この件を通して、私には様々なことが見えてきました。自称改革派の国会議員たちは、実際には法令でも禁止されていないのに、「官僚機構が新しい試みを阻害している」と騒いで、自分たちをアピールしていました。実現することよりも、戦っている姿を見せることが議員の仕事なのには落胆しました。他がやっていないと言って動かなかった大手カード会社は、結局、ヤフーや楽天が動いたことで態度を改めたのです。

新しいことに挑戦する気概や、今までなかった社会に役立つものを提供する進取の気性がなくなってきたこと。それが、日本社会を低迷させているのです。

一人ひとりの善意を集める

これまでの選挙は、町内会、業界団体、組合、地元の大きな企業など、各組織にターゲットを絞って、関係を作り、票をまとめていくというのが、オーソドックスなやり方でした。

しかし、だんだんと組織の集票力は落ちています。不況が続きボーナスのカットなどをされてきた中、選挙の投票先まで社長の言うことを聞く社員もいなくなってきました。近所の仲も希薄になる中で、住民の町内会への帰属意識も薄くなってきました。またネットなどの普及で、自分で情報を集め、投票先を考えることができるようになってきました。そういったことから、組織を固めた大物政治家でも選挙で落選するという事態が起こるようになってきました。

無所属の江田憲司さんの地盤を固めるにあたり、私は徹底的に、組織より個人にターゲットを絞り、個人の口コミで、「江田憲司」を広めることにしました。今は、何かきっかけさえあれば、組織を通さなくても個々人と、携帯電話やインターネットでつながれます。地元の主婦や定年退職した男性方を携帯電話とメールでつなぎネットワークをつくり、それぞれの地区でイベントやら食事会やらを重ね、江田憲司を支援するネットワークを築いていきました。組織とつながるより、個人とつながる方が、本音で話せる。政治家にとっても、地元の方々と個人と個人の本音で話せる関係をつくることは、民意を知る上で重要なことだと思っています。

ちなみにそれから10年以上経った今日、地元のコミュニティを支えてきた団体は、あまりにも弱体化してしまいました。ですから今は、町内会、商店街、消防団、法人会、組合などの団体が長く続くように、私は支援しています。個人とつながりながら、地域ボランティアも支援する。町の治安維持や掃除、街灯の取りつけ、子供たちやお年寄りとの交流など、彼らボランティアがいなくなってしまえば、コミュニティを支えるのが行政だけになってしまいます。それでは目が行き届かないことも出てくるでしょう。個人の思いを各地域でつなげ、団体も支える。そのお手伝いも、政治家の重要な仕事です。

胎動あれど、産みの苦しみ

２００７年春、私が秘書になってから最初の選挙が行われました。統一地方選挙です。この時、江田さんの選挙区内で系列の市議会議員が初めて誕生しました。江田さんは２０００年から活動しているので、７年かかったわけですが、地盤固めの一歩前進です。

２００９年までには衆議院選挙があります。江田さんは、次は無所属ではなく政党から出ると、支援者たちに約束していました。

しかし、自民党も民主党も、江田さんには納得できない。新党を作りたいと考え、多くの有権者も同意見でした。そこで江田さんは大政党の若手を誘いましたが、なかなか新党結成への流れはできません。ここでもたもたしていられません。私も新党結成に注力することにしました。

どういう新党を作るべきか。その時私は、小泉改革のような「改革」こそ、この国に必要な施策であると考えていました。今になってみれば、その頃の「改革」の中身に多々問題があったことは理解できますし、また、最近では「改革」という言葉の中身もさらに劣化していますが、当時は細かいことは分からず、また考えずに、既得権を倒す「改革」だけが、この国を低迷から救う道だと信じていたのです。

その頃、小泉内閣のブレインであった竹中平蔵参議院議員は、自民党政権の改革が後退していくことに業を煮やし、議員を辞職、自民党も離党して、悶々としているように見えました。私の同級生が竹中さんの秘書だった縁で、江田さんと竹中さんを引き合わせます。都内のホテルのレストランの個室で会い、意気投合したようでした。しかし、竹中さんは新党には前向きではなく、右腕の高橋洋一さんを紹介したようです。江田さんは高橋さんに会い、お互い元官僚として、日本の官僚機構の悪い部分を改革しようと意気投合。他の元官僚にも呼びかけ、２００８年春、政策集団「脱藩官僚の会」が設立されました。国会議員はまだ江田さんだけですが、近い将来設立する新党の政策機関にとの意図です。

まずは第一歩ですが、それから数か月、ブレイン集団はできても、国会議員はなかなか集まりません。江田さんからは、あの人はダメ、この人もダメと、上手くいった話は一つもありませんでした。小選挙区制度が導入され、自民、民主の二大政党制が定着し始めていたため、居心地のいい大政党から出る勇気のある国会議員がいないのです。国会議員が5名集まらなくては、政党要件を満たす国政政党を設立することができません。

新党結成

そんな折りに、江田憲司を政界再編のキーパーソンと見込み、連絡してきた人がいました。なんと、憧れの政治家、田中秀征さんです。江田憲司事務所に田中秀征さんが訪れました。私は初めて、秀征さんとお話をすることができました。田中秀征さんが国会にいないからこそ、江田さんの門を叩いたわけですが、田中秀征さんもまた、今の政界でこの人くらいしか託せる人間はいないと目を付けていたのです。

田中秀征さんが江田さんに何をアドバイスしていたのかは、分かりません。二人は頻繁に連絡を取り合うようになりました。秀征さんは90年代新党ブームの仕掛け人。そのアドバイスは、江田さんにとって有意義なものだったに違いありません。

２００８年秋、麻生政権が誕生し、自民党は明らかに、人気のない頃の「昔の自民党」に戻っていきました。そして、首相の失言で、政権はぐらつき、いつ選挙があってもおかしくない状況になってきました。同じ時期に、アメリカでは、黒人初のオバマ大統領が当選。変化に期待する声が世界中に溢れ出していました。

早く新党をつくらなければ。しかしできない。

そろそろ解散総選挙の足音も聞こえてきている。私は、江田さんに進言しました。民主党に入り、自民党を倒すことに専念するのも選択肢ではないか。民主党の議員の多くは政権を担ったことがない。元首相秘書官という江田さんの経歴はきっと民主党内で役に立つはず。しかし、江田さんは、首を横にふりました。バラバラな組織が政権を取っても何もできない。その政権で重要なポストを一つもらっても、何もできないと――。

私は誰か江田さんと一緒に組む国会議員がいないかと、毎日そればかり考えていました。そこでふと思い浮かんだのが、麻生政権ができるまで行政改革担当大臣であった渡辺喜美さんです。麻生政権になり改革派が一掃され、渡辺喜美さんも冷や飯食いをさせられていました。渡辺さんは自身のやりたかったことが道半ばで閉ざされ、悔しい思いをしているはずです。そのことを江田さんに話してみました。江田さんは「いい考えかもしれない」。渡辺さんに連絡し、すぐに会うと、新党結成をもちかけたところ、前のめりだったようです。新党には準備が必要だと、むしろ江田さんがなだめ、水面下で新党準備が始まりました。この時の江田さんの張り切りようは、今でも思い浮かびます。

２００８年年末、渡辺喜美さんは、改革案を麻生総理に突き付け、それが却下されたことで、自民党離党を表明します。離党したその足で、渡辺さんが会いにいったのが、田中秀征さんでした。

年が明けて２００９年初頭、渡辺喜美、江田憲司両衆議院議員は、国民運動体「日本の夜明け」を結成。政党ではなく、国民運動体としたのは、国会議員が2名なので政党要件を満たしていないためと、国会議員だけで党を作るのではなく、各地でタウンミーティングや街頭演説をすることで、世論を高めていこうという理由でした。ブームを呼び、街頭演説はどこも聴衆でいっぱいでした。

そして夏、衆議院の任期満了直前に衆議院は解散、総選挙が行われることとなりました。8月8日、ついに5名の国会議員が集まり、新党は結成されました。「みんなの党」の誕生です。

その衆議院選挙は8月30日が投票日。４８０議席のうち、民主党が３００議席以上を取り圧勝。政権交代です。みんなの党は300万票を取り、政党要件をギリギリ満たす5議席を獲得しました。落選と当選を繰り返していた江田さんも50％以上の得票率で圧勝しました。江田さんの地盤を固めることができたこと。江田さんが新党を立ち上げる手伝いができたこと。この二つの使命を果たし、人生に一区切りがついたと感じました。

世界一周の旅へ

人生の一区切り。私はちょうど30歳でした。

考えたのは、いずれ自分で選挙に出るにしても、その前に海外を見たいということでした。江田さんに相談し、まるまる1か月、お休みをいただきました。

私にとっては大金の50万円ほどの世界周遊航空券を握りしめ、世界一周の旅に出ます。予算は全部で100万円。当時の私の全財産です。実は、私の旅立ちを聞いて、江田さんの支援者の方々がそっと餞別をくださいました。旅費の何割かにあたる金額で、「しっかり勉強してこい」との励ましとして、頂戴しました。

世界周遊券を使えば、主要な都市であれば、たいていどこでも行けます。

今まで先進国にはあまり行ったことがなかったので、先進国の都市と、未知の中東を一気にまわることにしました。ニューヨーク↓ワシントンD・C↓ロンドン↓パリ↓ローマ↓カイロ↓ルクソール↓ドバイ。3日間くらいの滞在を8都市。各都市、下町の安いホテルをネットで予約し、ニューヨークではブロードウェイのミュージカルを。ワシントンD・Cではホワイトハウス、連邦議会や博物館を。ロンドンは大英博物館。パリはルーブル美術館。ローマは古代遺跡。カイロはツタンカーメンのミイラ。ルクソールは古代エジプトの神殿。ドバイは近未来的な都市の見学。1か月間、早足でしたが、見られるものを全てこの目で見てきました。1か月間日本語を話さなかったのは初めての経験で、帰国した時にはアラビア語も少し読めるようになっていました。

5章　出馬

新しい波

世界一周からの帰国後、江田事務所に戻りました。担当する業務は、江田さんの地元まわりから、党の事務局の手伝いに変わりました。立ち上がったばかりのみんなの党は、いわばベンチャー企業。一から十まで自分たちでつくらなくてはなりません。

江田事務所で導入したネット献金の仕組みを党にも導入し、みんなの党は、日本の政党で初めて、ネット上で献金を受けるシステムを備えました。多くの個人献金が集まり、話題を集めました。

そんな中、私が力を注いだのは、候補者を養成する政治塾の設立です。

みんなの党は、民間企業で活躍している人たちを政治の世界に送り込む役割を担うべきだと考えていました。これまでの政党がやってこなかったことです。各党、講演会やセミナーは行っていましたが、民間企業で働いている人たちは選挙のやり方や政治の世界の仕組みをよく知りません。そういう具体的なことを教え、やる気のある人をどんどん立候補させていく、そういう塾を政党自らが開くべきなのです。

実現した「みんなの党政治塾」は、その後多くの候補者を輩出することになります。その結果、みんなの党は設立3年程度で、国会議員と地方議員合わせて最大で400名まで膨れ上がりました。党政治塾出身の議員は今でも各地にたくさんいますし、私の衆議院当選同期である篠原豪さんも、その政治塾の一期生で、その頃からずっと行動を共にしています。この政治塾で候補者を養成するモデルは、その後、日本維新の会や、都民ファーストの会にも引き継がれていくことになります。

2009年の結党の翌年は、参議院選挙でした。民主党政権は、圧倒的な支持を集めていた鳩山由紀夫総理が沖縄の普天間基地の問題などでつまずき、一気に国民の支持を失い辞任。継いだ菅直人総理は、いきなり消費税増税をぶちあげ、批判にさらされていました。前の選挙の時は民主党は消費税増税を批判していたからです。自民党がダメだから民主党を選んだのに、民主党も同じなのか。世論は、民主党にお灸を据えなくてはということで、第三の党であるみんなの党への期待が高まりました。そして、２０１０年の参議院選挙で、みんなの党は、比例では、民主、自民に次ぐ８００万票の得票。全部で10議席も獲得をしました。大躍進です。

この選挙で、私は、東京選挙区から出た松田公太さんの事務所を主に手伝いました。松田公太さんは、帰国子女で、筑波大学を卒業後、１９９０年三和銀行（当時）に入行。96年に銀行を辞め、98年にタリーズコーヒージャパンを設立、代表取締役社長に。そしてそのわずか3年後には、当時の飲食業界最速で、株式を上場させています。ちょうど私が銀行に入った頃に著書を出したりしていて、都市銀行出身のベンチャー起業家として、私も彼のことを知っていました。私の11歳上で、この時41歳でした。

チェーンのコーヒーショップはたくさんのアルバイト店員で成り立っています。松田公太さんは、選挙を手伝いに来てくれる若いボランティアスタッフたちを見事にまとめ上げました。理念にしても、政策にしても、宣伝の仕方にしても、天才的と思われるところがたくさんありました。そして、ギリギリ5位でしたが、激戦を制して当選します。

当選が決まり、万歳をして、記者会見が終わった後、私は公太さんに呼ばれました。秘書として働いてくれないかということでした。

江田憲司さんと松田公太さんの間で直接話し合ってもらい、私は、江田憲司秘書から松田公太秘書へと移籍をすることとなりました。

経験の継承

振り返れば、江田さんのもとで2005年から2010年まで5年ほど働いたことになります。実に多くを学びました。

キャリア官僚と言われる、官僚組織の幹部たちはほとんどが東大卒ですので、私の同級生などには、キャリア官僚はいません。江田さんから、日本を動かす官僚機構とはどういうものか、いい面も悪い面も、率直な話をよく聞きました。びっくりしたのは、官僚には誰もが頭を下げにくるので、江田さんも選挙に出るまで、名刺の渡し方一つ知らなかったとのことです。

総理秘書官としての経験談も、ためになりました。

私は江田さんの運転手、かばん持ちも買って出ましたから、朝から晩まで、江田さんの仕事を様々な角度から見、食事も共にしました。尊敬できる人物と5年間過ごせたこと、そして、政治活動の多くを江田さんと一緒に経験できたことは、大きな財産になっています。

選挙区まわりにも力を尽くしましたから、今では江田さんの選挙区が第二の故郷のようになっています。たまに「帰省」と称して、江田さんの選挙区の有権者の方々を訪ね、杯を交わしたりしています。多くの「親戚」に、今でも励まされています。

政治家の秘書という仕事は、様々な人に出会うことができます。江田さんの秘書時代、私もいろいろな方とお知り合いになりました。

小原流のお花の先生にお目にかかり、自分で会費を出して、華道も習いました。初級までですが、免状もいただいています。議員になりますと、日本の文化について、外国人に説明しなくてはならない場が多々あります。後にお茶も習いましたが、全ては、自分の世界を広げるいい経験となりました。

また、あるデザイナーの方にも出会い、誘われて、アルバイトとして、ファッションショーや広告のモデルを務めたこともあります。下手ですが、モデルウォークも、写真うつりを工夫するのも、将来無駄にはなりません。

政界の悪い面も、秘書として働いて、肌身に感じました。政治の世界は、学生時代から垣間見てはいましたが、想像以上に落胆の連続です。ダマしダマされ、足の引っ張り合い。優秀で志ある立派な人が議員になるわけでもなく、社会経験が少なく、非常識な人も多い。心が成長していない人も多い。

「議員も候補者もダメな人ばかりだったら、何回選挙をやっても、誰に投票しても、政界はよくならない」。私はどうすればいいか思い詰めました。しかし、「こんな政界をよくするために、私はここに来たんだ。いつか志ある人で溢れる政界を実現するんだ。それを絶対にやるんだ」と、いつも自分を励ましました。

そうしたことを学んだ江田さんのもとから巣立ち、松田事務所を軌道に乗せるのが、次の私の任務でした。そしてこの著名なベンチャー起業家のもとで働くこと数か月にして、次の節目が訪れたのです。

大切な地元は激戦の東京6区

２０１０年の７月に参議院選挙が終わり、９月にはもう次期衆院選候補者の選定が始まりました。私にも声がかかり、生まれ育った世田谷の選挙区での候補者にと、党に希望を出します。その結果、東京６区の候補に決まり、11月12日に記者会見で発表されました。

無党派層が多く人口も多い東京６区は、毎度激戦となることで有名な選挙区の一つです。

当時の政権与党民主党の候補者は、党の顔の一人として大臣にもなる、元ＮＨＫ解説委員の小宮山洋子さん。自民党からは、福田赳夫元総理の孫、三世議員である越智隆雄さん。自民も民主も強い候補者を出す選挙区です。知名度の無い新人は、誰も出たがりません。

しかしものは考えようです。やりようによっては、無名の方々と戦うよりも戦いやすい。世襲やタレントが議員の多くを占めるのは、今の国会の問題点です。人材不足が露呈している。そこに志を抱き、会社勤めを辞めて飛びこんでいく。地元で生まれ育った無名の31歳の挑戦――そんな戦いの構図をしっかり描けば、十分に戦える。そんな思いでした。選挙は政治家を育てます。そして、相手候補も相手の政治家を育てます。強敵である先輩方に育ててもらうのだと、胸を借りるつもりでした。

まずは事務所設立です。

すでに銀行を辞めて5年後でしたので、貯蓄は尽きていました。政治の世界ではありえない、自己資金なしでの立ち上げです。党から毎月少額の活動費を受け取り、あとは、周りの方々からのカンパ。それで、知名度があり、強力な団体もバックについている両候補との戦いです。政界関係者たちからは、当選は無理だ、無謀だ、なぜそのような選挙区を引き受けたのかと言われました。

初出馬、落選で得たもの

2年ほど経った2012年夏。

衆議院の解散が近いと囁かれ、活動が佳境に差し掛かります。党の関係者から一本の電話が入りました。「世論調査会社に東京6区を調べてもらったところ、越智、小宮山、落合が同率で並んでいる！　無名の新人がこの時期に並んでいれば、選挙戦が始まるともっと伸びるぞ。頑張れ」。歓喜に満ちた声です。

この2年間、朝から晩まで、街頭演説、ポスター貼り、挨拶回り。多くの方々のお手伝いもありました。ここが正念場、もう一息頑張ろう。

11月に入り、衆議院が解散します。いよいよ本番です。

世論調査で結果が出ていたからか、注目選挙区の注目候補として、各メディアが取材に来ました。解散後の初の演説は取材が殺到し、無名の新人ながらテレビカメラに囲まれて行いました。その夜のニュース番組では、東京6区の特集が組まれ、大きく取り上げられました。

ところが――

12月の衆議院選挙の公示日直前、伏兵が現れます。

20年近く地元世田谷で政治活動をしていた元都議会議員を、みんなの党と同じ第三極である日本維新の会が、候補者として擁立したのです。票は割れ、私は比例での惜敗率もわずか1％及ばず。初出馬の挑戦は落選、苦杯をなめることになりました。

初出馬の選挙結果は、あと1％という惜敗率でしたので、確定するまで時間がかかりました。落選が分かったのは翌朝5時。衆議院の最後の1議席を争った上での負けでした。事務所で共に開票速報を見守ってくださったみなさんに、お礼を述べ、次期衆議院選挙も必ず出馬するとその場で宣言しました。

始発電車が走り始め、みなさんがお帰りになり、私は連日の寝不足でもうろうとしていました。事務所のお手伝いで残ったのは、お付き合いをしていた久美子一人。二人で、朝ぼらけの渋谷の街を歩きました。青山に差し掛かったあたりでベンチに腰掛け、私が話を切り出しました。「当選したら結婚を申し込もうと思っていた。でも、またこれから何年もフリーターのような生活だ。家賃だって、ワンルームくらいしか払えない」。次の選挙で当選したら結婚をと言おうとしたところ、彼女は「結婚しましょう、応援も本腰を入れるから」。頑張って働いて、生活費も何とかすると言ってくれたのです。

久美子は当時、28歳。私の5歳下です。一支援者として、事務所の立ち上げからずっと手伝ってくれていました。生まれは愛媛県西宇和郡三崎町（現伊方町）。海辺の漁村で育ちました。父親はタイル職人の仕事の傍ら、みかん栽培をしていました。私の家と同じ職人気質の家です。私はすぐに挨拶にうかがい、年明け2月14日に入籍。新居は選挙区のちょうど真ん中、世田谷区宮坂の賃貸アパートでした。

支えとなった人々

私の選挙活動のお手伝いは、全員ボランティアです。ウグイス嬢はプロを雇うことが多いのですが、私の場合は素人が交代でこなします。専業主婦、会社員、介護職の方々など、みなさん、何らかの形で私を知り、応援してくださるようになった、地元の方々です。はじめはみなさん遠慮して声も小さいのですが、慣れて気持ちが乗ってくると、カラオケのようにマイクの取り合いのようになったり、デュエットのように私とテンポが合ったり。プロの巧みなアナウンスがより、「私は落合候補の同級生です」「私は落合さんを応援する地元の主婦です」という声の方が、有権者の代表を選ぶ選挙としてふさわしいのではないでしょうか。

そのほか、各家庭に私の政策レポートをポスティングしたり、呼び鈴を押して、外壁にポスターを貼るお願いをしたり、手はいくら有っても足りません。投票のお願いの電話まで、私の場合は全て地元のボランティアの方々で成り立っています。

負けると、応援してくれた人たちも散り散りになるのが、選挙の世界。しかし幸いにも私の場合は、負けても多くの方々が残り、力を合わせてくださいました。

田中秀征さんは、みんなの党結成前に初めてお話しして以来、多くのご指導を直接いただきました。私の初選挙で唯一の推薦人で、世田谷区内を一緒に演説してくださいました。中学生の私が知ったら、びっくりすることでしょう。

特定の政党には属していない、百戦錬磨の世田谷区議会議員の方々も応援してくださいました。

後援会長の上杉孝久さんにも、大きなお力添えをいただいています、大名の末裔、上杉子爵家九代目当主、地元の名士です。ご先祖上杉謙信は、下剋上の戦国時代にありながら、数少ない「義」を大切にした武将です。また上杉鷹山は「領民のためにあるのが藩主であり、藩主のために領民があるのではない」と言ってのけた米沢藩主。上杉家に伝わる帝王学も、孝久さんから少しずつ教えていただきました。

数十人のお手伝いの中、3人が自分の仕事を辞め、無給で支えてくれました。落選後、その中の一人である銀行時代の同期は会社員に戻り、もう一人は渡辺喜美みんなの党代表の秘書の職に就きました。いま一人は翌年の都議会議員選挙の候補者になり、見事当選。現参議院議員の音喜多駿さんです。

東日本大震災

2010年秋に事務所を立ち上げてから、2012年の初選挙の間にあったのが、東日本大震災です。

２０１１年3月11日の14時過ぎ、私は、事務所で一人、作業をしていました。春の日差しに、眠くなりウトウトしかけていると、大きな揺れです。建物はバキバキと音をたて、今にも折れるかと思いました。

世田谷も震度5弱だったようです。携帯電話もつながらなくなりました。ＮＨＫのニュースでは、東北に大津波が襲っていると実況しています。外に出れば、幹線道路は徒歩で帰る人たちで埋め尽くされていました。

各地の壊滅的な被害。そして数日後の東京電力福島第一原子力発電所の爆発。国民の目の前に、衝撃的な映像が報道されました。その後明らかになった悲惨な被害状況は、みなさんご承知の通りです。

私は一人でも多く助けたいと思い、ほぼ1年ほどの間、友人たちと共に車を出し、支援物資を被災地に届けました。再開直後の東北道は穴だらけでした。

そして、だんだん見えてきた、原発を取り巻く巨大な利権。私は、この危機を通し、世の中がどういう構造でできているのか、おぼろげながら見えるようになりました。

6章　当選

筋を通して離党

落選した２０１２年12月の衆議院選挙では、与党民主党が大敗し、自民党が政権復帰。安倍晋三さんが再び総理に就任しました。みんなの党の渡辺喜美代表は、第一次安倍内閣の大臣でもあり、安倍さんとは仲がよかったようです。安倍内閣が始まってから、みんなの党は野党ながら、政権に近づいていきます。

２０１３年の秋の国会は、「特定秘密保護法案」で揺れました。政府の文書は、公開されるのが原則ですが、秘密指定をすれば公開しなくてよいという法案です。秘密を指定するのは官僚です。「脱官僚」を掲げていたみんなの党の一員として、私は、秘密保護法に反対の立場でした。この法案を都合よく使えば、官僚が自分たちの意のままに情報を秘匿できるようになってしまう。

この法案は、世論調査でも半数以上の反対があり、国会は揺れました。そんな中、突然、渡辺喜美代表が、法案への賛意を示します。たとえ一党でも野党が賛成にまわれば、総理・政権側に有利な材料になります。国民の多くが反対でも、国会を通す大義名分になるのです。

これを受け、みんなの党の党内は動揺しました。党内の議論では反対の方向だったのに、党の代表が急に賛成の意向を示したからです。所属国会議員の間で、どう対応するべきか、連日議論が行われました。

国会での採決を、私はテレビで見ました。みんなの党は党としては賛成。一部造反が出ましたが、議員でない私は採決での造反もできません。翌朝、渡辺代表の事務所に離党届を提出しました。先の選挙で「脱官僚」を柱に掲げた身です。官僚が自分たちの都合で秘密指定できる法案に、賛成するわけにはいかないのです。

これで私は、無所属です。しかも現職の国会議員ではありません。政党を離れたことで活動費も入らなくなり、無職、無収入になりました。

ですが思いのほか、孤立には陥りませんでした。ありがたいことに、全国の有権者から多くの賛意の連絡をいただいたのです。事務所にはメールや電話がひっきりなしに入り、勇気が湧きました。

離れていく人もいましたが、逆に支援者として残り、変わらず応援してくださった方々もいます。私たちの絆はいっそう深まりました。

それ以来、毎年お米を送ってくださる方、スイカを送ってくださる方。本当に多くの方が、政治活動のみならず生活まで支えてくださいました。もちろん、妻の収入にも、それまで以上に頼ることになります。

あわや廃業か

再度スタートラインに立ったわけですが、自分にできることを力一杯やるしかありません。毎朝の街頭演説を終えると、洗濯、掃除、料理、地元の商店街への買物……。

そしてそれが、とてもいい経験になります。街を歩けば地元の方々との絆は深まり、料理の腕を上げれば主婦の方々との話題に事欠かず、魚屋さんや八百屋さん、料理人、農家の方々と、旬の食材について話しこむこともありました。

少しでも家計の足しにと、アルバイトも始めました。夜になれば、政治活動と情報収集を兼ねて、地元各地の飲み会まわり。早朝から夜中まで、めまぐるしい日々を過ごします。

そうするうちに、みんなの党はぐらつき、2013年末に分裂します。江田憲司代表を筆頭に、15名の国会議員が結いの党を結成しました。私は、翌2014年の春に、その結いの党に入党します。わずかではありますが、党から活動費がもらえるようになります。

しかし、ほっとしたのもつかの間、夏になるといよいよ事務所の資金も枯渇してきました。このままでは、事務所をたたまないといけない。

「もう家賃が払えない。残念で悔しいけれど、どうにもならない。事務所の看板を一旦おろそう」。

2014年8月中旬、私は悩んだあげく、そう決断しました。

政治家にとって事務所は、大きな看板を掲げた地元での象徴です。また、活動に必要な数々の備品の置き場でもあり、支援者のみなさんが作業をするために集まる場でもあります。事務所がなくなれば、活動そのものがほぼできなくなります。ですから、政治家にとって、事務所をたたむことは、引退宣言をしたに等しい。次の選挙は出られないかもしれない。

その時、事務所のファックスが鳴りました。流れてきたのは、寄付の申込書です。なんと、長く会っていなかった方から、100万円の寄付の申込です。苦境にあえぐ私には、奇跡に思えました。これであと半年は、何とかなります。


その3か月後、安倍総理は衆議院を突然解散。

さあ、選挙が始まります。何とか事務所は維持していました。しかし資金は不足し、選挙の準備は全くできていません。

この選挙が最後になるぞ。私はそう覚悟しました。落選すれば、小学生の頃から見てきた夢が叶わぬまま、35歳でピリオドを打つ。しかし、歌手だって、芸人だって、俳優だって、そういう人はたくさんいる。2回も国政選挙に出ることができたことに感謝しよう。ただただ、後悔することがないよう、できる限りのことを精一杯しよう。

2度目の挑戦

私の所属していた結いの党は、解散の直前に日本維新の会と合併し、維新の党ができていました。私は、維新の党から出馬することとなります。

衆議院が解散し選挙が始まるとすぐ、薗部誠弥さんが会社を辞めて、手伝いに飛び込んできてくれました。薗部さんは後に世田谷区議になる方です。よし、と心を引き締め、求職中や無職の知り合いに、連絡を取りました。少なくとも数十人は集めないと、選挙は戦えません。

90年代に総理の秘書をしていた方、私の選挙区選出の衆議院議員だった石井紘基さんのお嬢さんターニャさん、後に小池都知事の側近となる野田数さんなど、歴戦の猛者も駆けつけてくださいました。急な衆議院解散だったため、私も目が回りましたが、とにかく必死に態勢を整え、選挙戦がスタートします。

真冬の選挙を1か月走りまわり、手伝ってくださった支援者のみなさんも、疲労困憊。私も最後には、足も曲がらない、声も出ない、満身創痍で、まさに全力の選挙戦でした。

そして……

神は見捨てませんでした——もちろん、神とは有権者のみなさんです。

この2014年12月に行われた衆議院選挙で、私は、維新の党の中でも全国で上位

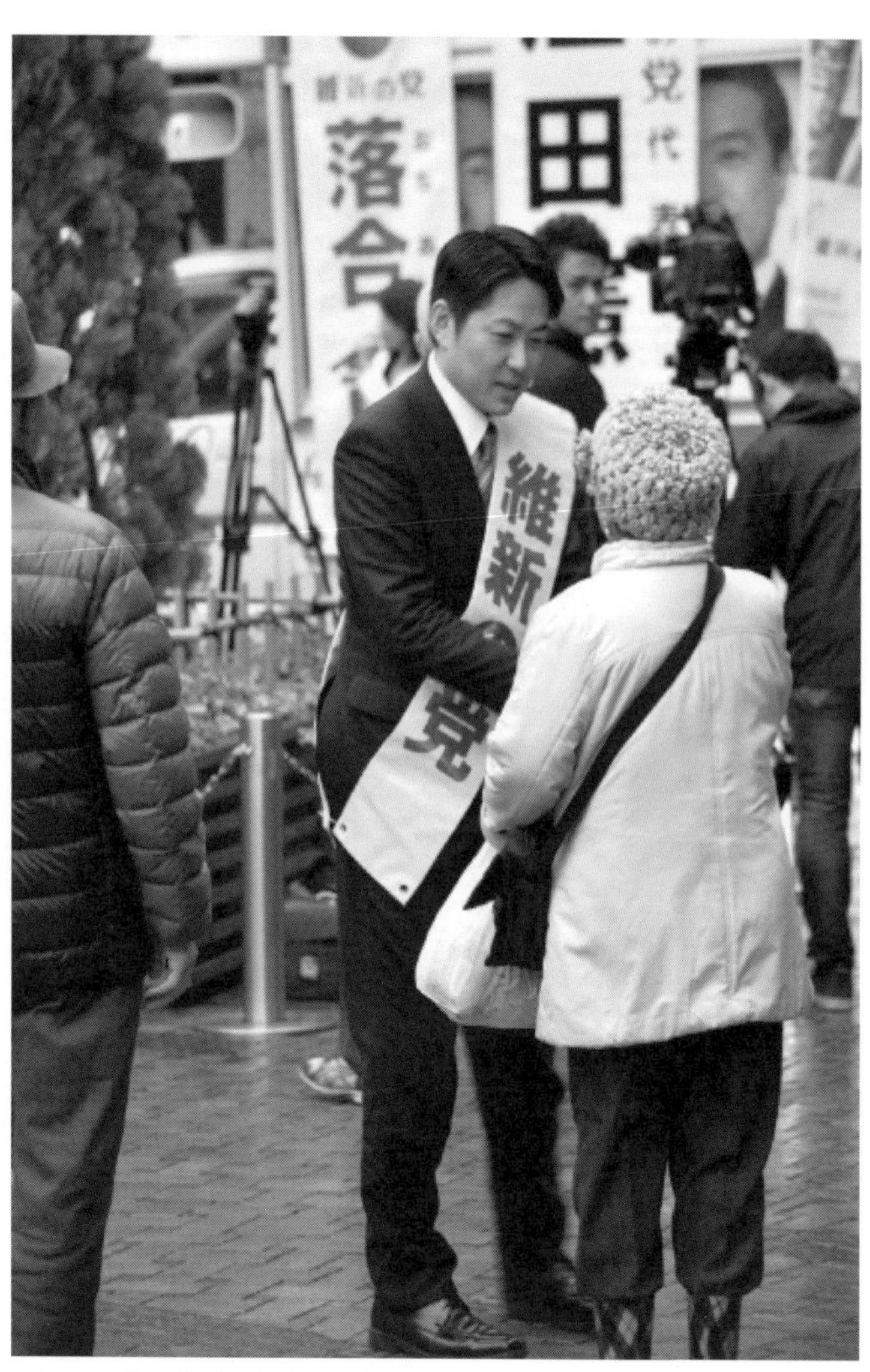

▲ 2014 年、選挙運動中の筆者

の票数を得ます。小選挙区当選までは及ばぬものの肉薄し、惜敗率1位で比例復活当選を果たしました。

選挙事務所で開票速報を見守る中、当選確実を知ってみんなが拍手をすると、その振動でテレビがブチっと切れてしまう、そんな手作りの選挙でした。

次から次へと名乗りを上げて手伝いに集まってくださった多くの方々はもとより、妻も妊娠7か月の身重でありながら毎日選挙事務所に詰めてくれ、何より心強かったです。

終わってみれば、わが家の銀行預金は10万円もありませんでした。落選していたら、選挙費用の請求に首が回らないどころか、その月の自宅の家賃さえ払えないところでした。まさに背水の陣だったのです。

選挙後、2014年12月24日が、私の初登院です。国会の門をくぐる際、地元から多くの方が見にきてくれました。議員会館の事務所も割り当てられました。同じ党の同期は7名。私が35歳で一番年下でした。次に若い人は4歳年上の現大阪府知事、吉村洋文さんでした。吉村さんとは同級生のような感覚で、今でも節目節目には、大したことでなくても連絡を取っています。

さて、ここからは会社の立ち上げと同じように、秘書も決めないといけませんし、事務機器も揃え、種々の手配もこなさねばなりません。地元事務所のまとめ役には、選挙も手伝っていただいた石井ターニャさんにお願いしました。ほかにもお声がけをして陣容を整え、衆議院議員落合貴之事務所のスタートです。

公職のあり方

国会議員といえば、黒塗りの高級車に乗っているイメージで、多くは実際にそうなのですが、私はそういう車には乗っていません。

そんな車を維持する費用がないのが、まずは最初の理由です。高級な黒塗りの車を買い、しかも運転手を一人雇用するとなると、年間の出費は非常に大きい。資金難の私は、自家用車さえ持っていません。議員にもあるボーナスで、事務所スタッフ用に2台、軽のバンを中古で買うのが精一杯です。普段は国会に電車で通っていますが、時折その軽のバンで国会に行くこともあります。最初は警備の方に出入りの業者と間違えられ、呼び止められました。それでも最近は、「世田谷ナンバーの軽のバンは落合議員」と認識されるようになっています。

このスタイルが、徐々に周知されてきました。私はずっと続けていこうと思っています。時には他の議員の立派な車に乗せてもらうこともありますが、窓もスモークのかかった黒塗りの車で地元を走っても、有権者とは距離が離れてしまいます。地元の方々の中に飛び込み、もまれながら、仕事をしていく政治家になりたい。それが公職に就く者の一つの姿だと思います。

さらに言えば、公職とは自分の生活のために就く職業ではなく、その仕事は世の中のためでなくてはなりません。議員も然りです。ですから私の場合、議員報酬は基本的に家計に入れません。議員報酬とは、納税者から預かったものです。これは世の中のために使わなければいけないと考えています。

政治の道を歩む決断をした二十代半ばで、金銭的な執着も、物への欲求も、全て捨てるつもりになりました。世の中をよくするために身を捧げるとはそういうことだ、出家したつもりで生活しよう、そう考えたのです。

しかがって、妻は、私の無職時代だけでなく、私の当選後も会社員として働き続けています。二人の息子たちは、保育園に。外食に連れて行くこともほとんどありません。自宅は少し前までは賃貸アパートでした。これも地元の方々から、「ドア開けていきなりキッチンでは、安全上よろしくない。建物の玄関がオートロックの方がいい」と助言を受けて、今は賃貸マンションに住んでいます。4人で住むには決して広くはないのですが、家族の理解を得ながら、このスタイルもなるべく続けたいと思っています。

息子たち

わが家には、2015年生まれと2016年生まれの息子がいます。当選したときはまだ長男がお腹の中ですから、その母子手帳の父親の職業欄は空欄でした。

私の仕事は、平日は国会、土日は朝から晩まで、地元の様々なイベントにお招きいただきます。なかなか子供たちと遊ぶことができません。子供たちにとっての行楽といえば、私の両親に遊びに連れて行ってもらったり、妻と一緒に実家の愛媛に行ったりするくらいでしょうか。

年の近い男子二人なので、友達のようで、毎日戦いごっこをしています。住まいは賃貸ですが、壁に頭を突っ込ませへこませてしまったり、壁紙もはがれ床もぼろぼろです。家の至るところに、なぜか「落合」という印鑑が押してあるのも、怒っていいのやら笑っていいのやら。ご飯を食べる時は、いつももみ合いになり、食べ物が飛び散るありさまです。

静かすぎるよりは、元気な方がいいのかもしれませんね。

7章　議員

国会質問と議員立法

野党議員の重要な仕事は国会での質問です。当選直後はかなり緊張しました。ただ不思議なもので、緊張していた方がいい質問ができます。集中できるからでしょう。スポーツと似ているかもしれません。

スポーツ選手がお守りとして何かを身に着けているという話を耳にしますが、私にとって、質問の時のお守りは、石井紘基さんの名前の入ったボールペンでした。それを持って質問する。石井紘基さんは、国会での質問で、数々の大臣を辞任に追い込み、名を上げた方です。まだ私の実力はそこまでではありませんが、気持ちだけは負けないようにと、いつもそのボールペンを握っていました。実は、その名前、ペンを握り過ぎて、今では見えなくなってしまいました。そろそろお守りに頼らずに、独り立ちしないといけません。

質問の内容は、議員個人に任されています。国民の代表ですから、意義ある質問をしなければなりません。そのために私は、周りの各専門家から、常に国の政策の問題点について情報が集まってくるようなネットワークを作っています。また、いろいろな現場をまわり、その中で、国に届いていない重要な問題を見つけ、それを質問として取り上げるようにしています。

よく野党の質問は「ガス抜き?」「質問して意味あるの?」と言われることもあります。しかし実際には、国会質問で取り上げられた問題が改善したと、多くの当事者の方々から聞きます。質問されることで、行政も対応を変えるのです。

野党議員の質問は、国の施策に少なからず影響を与えています。しかし、質問の時間は限られています。いかに重要な問題をコンパクトに分かりやすく取り上げるか、それを日々考えています。

国会議員は、一定数の賛同議員を集めると、議員立法を出すことができます。普通、法律は、内閣から国会に提出され、国会で審議されるわけですが、議員立法は、国会議員から国会に提出するものです。

今までに、私は17本の議員立法を提出しています。国会議員の中ではかなり多い方です。その中の2本、「衆議院議員選挙区画定審議会設置法及び公職選挙法の一部を改正する法律案」と「株式会社地域経済活性化支援機構法の一部を改正する法律案」は、与野党で合意され、国会審議に入りました。結果は両方とも成立には至りませんでした。前者は、衆議院の選挙区の区割を変える法案で、与党と野党がそれぞれ案を出し合い、野党案は、私が答弁に立ちました。後者は、コロナのもとで財務状況が悪化する企業の再生支援をより強力にするための法案で、政府・与党案に対する対案として提出した法案でしたから、政府案は大臣が答弁し、野党案は私が答弁するという審議でした。私は大臣経験はありませんが、答弁を数回経験しているのです。

一番思い入れのある法案は、企業団体献金禁止法案です。政治家が企業団体から献金をもらうことは、癒着の温床になるということで、90年代に禁止されたのですが、抜け道が残りました。これが今でも、不正の温床になっています。これを全面的に禁止にする法案を作りました。しかし政治家は、自分たちに厳しい法案を審議したがらない。

この法案は、賛同人を集めるのも、自分の党内をまとめるのも、たいへんな時間と労力を費やしました。ようやく提出にこぎつけたところで、審議には入っていません。いつか必ず、この法案を成立させたいです。

海外視察も現場目線で

海外視察の実態も、問題視されることがあります。議員たちが税金を使って、海外で遊んでいる。私もそんなイメージを持っていました。もしかすると、昔はそうだったのかもしれませんが、私が体験した国費での海外視察は、そうではありませんでした。

２０１８年夏、衆議院経済産業委員会の代表として、エストニア、デンマーク、ドイツを訪問しました。

エストニアは徹底した電子国家で、ネットで選挙の投票ができるだけでなく、土地の登記と婚姻届け以外は全部電子化されていました。婚姻届けは酔った勢いなどで結婚しないように紙にしたとのこと。国中の林業で管理している樹の本数まで、リアルタイムに数字で管理がされていました。徹底したIT化です。それらについて、行政やベンチャー企業を訪ね、様々な方と議論しました。

デンマークは洋上風力発電。ドイツはバイオマス発電。それぞれ、IT技術が有効に使われています。各国で、現地で働く日本のビジネスパーソンと意見交換をしたり、地元の政治家との会談も行いました。

私は草食系なので、ヨーロッパの肉中心の料理は少し合わないのですが、その時同行した議員はほぼ全員肉食系。みなさん私より年長ですが、毎日肉をガッツ食べていました。

国費での海外視察は、まだその1回のみですが、それとは別に年に1回は、自費で海外を訪れています。勉強と、取り掛かっている仕事の補強のためです。現地の知人のもとに、一人で訪ねることが多いです。

例えば、当選して初めて行ったカンボジア。知り合いが首都プノンペンで医療支援のNGOを立ち上げており、私はその拠点にホームステイしながら、数日間、活動をお手伝いしました。

プノンペンの道路は、舗装されているもののアスファルトは薄く、大型のトラックが通ると、ワダチができてしまいます。少し郊外に行くと、道路が穴だらけで、車でゆっくり走ってもまるでロデオのようです。初日から首が痛くなってしまいました。

カンボジアでは、日本の各団体の援助で多くの井戸が作られたようですが、その井戸は、ヒ素が出たり、メンテナンスが難しかったりで、ほとんどが使えません。せっかくの努力と高額な費用が無駄になります。カンボジアは、アフリカなどと違い、雨が多いのです。雨水を濾過する装置の価格は、10ドル程度。井戸ではなくそちらを使えば、手軽に飲み水が手に入ります。地域の特性を知っている団体が援助をしなければ、適切なことができない。それを身をもって体験しました。

パンをたくさん買って、乳児院にも行きました。小さい子供たちが生活しています。私の息子くらいの子も、一人でご飯を食べていました。社会保障システムがまだ完備されてなく、陰で人身売買もあるとも言われている……これからこの子たちはどうなるのか、考えさせられました。

公僕としてオープンな姿勢を

有権者の代表である私たち議員は、常にみなさんの前にオープンな態度で臨み、批判があれば耳を傾け、直すべき点は改善していかなければなりません。

議員にも国政に携わる国会の議員と、地方自治体の議員があります。両者の違いを尋ねられることがありますが、私が例えに使うのが銀行の話です。銀行には、海外にもネットワークを持つメガバンクもありますし、その地域だけに本・支店を持つ、地域のことをよく知っている信用金庫もあります。どちらも同じ銀行業務ですが、扱っている案件は全く違います。

私の地元の世田谷区議会議員と、衆議院議員とでは、同じ政治に関わる問題を扱っていても、内容が異なります。私は、経済や外交や、日本人の生き方など、全ての人に関わる、一般的で時には抽象的な課題を考え、改善していく仕事をしたい。それには、国政のプロフェッショナルになるべきなのです。一方、区議会議員の仕事は、「あの人のあの問題」「あの道路のあの箇所の問題」というように、身近で具体的な案件です。

ですから、国会議員が上で区議会議員が下なのではありません。自治体議員と国会議員は、役割を分担しているのです。どちらも重要な仕事です。

よって、地方自治体議員への評価や批判と、国会議員へのそれとは、自ずと違ったものになりそうです。

田原総一朗さんが会長を務める万年野党というＮＰＯ団体は、国会の会期ごとに議員一人ひとりの活動内容を評価し、発表しています。基準は、質問の数や議員立法の件数などです。ちなみに私は、国会議員として2年目の第１９０国会において、最高位の三ツ星をいただきました。衆参合わせて全国会議員７１７人中、15名（約2％）の栄誉です。

こういう第三者評価は、必要です。身内の評価、党のボスの評価だけでなく、様々な角度から評価されれば、国会議員は、上だけを見て仕事をすることはなくなります。このＮＰＯ団体だけでなく、様々な団体が、様々な基準で、国会議員一人ひとりの仕事を評価してくださることを期待しています。

また、国会議員は、収入と資産が毎年公開されます。税金から手当をいただいている身である以上、当然のことです。

初当選後の1年目、ある新聞が「本当に資産がゼロの国会議員と、表向きはゼロだけれども実態はそうではない議員を比べる」特集記事を組みました。私にも取材が来ましたが、「本当に資産ゼロの国会議員の代表例」だそうです。私の住んでいるマンションの謄本や実家など、本当に私が何も持っていないのを調べたうえでのことでした。一方で、表向きはゼロでも実際には資産家である議員は、財産を家族名義にしていることがあるようです。

確かに政治活動には費用がかかります。事務所を借りたり、国会活動のレポートを印刷したり、私の事務所のように、地元の方々にボランティアで支えていただいて節約しても、年間３０００万円ほどは経費がかかります。政党からの支援や地元のカンパをいただいていますが、私の信条として、企業献金を受けず政治資金パーティーも行わないので、自分の議員歳費をそれら経費に充てています。貯蓄ゼロの報告が続くのは、そういう実情のためです。

政局、動く

所属していた維新の党は、私の当選後1年あまりで揺らぎ始めます。

２０１５年11月、本家の大阪維新のメンバーを中心に十数人が離脱し、おおさか維新の会を結成。私を含む維新の党に残ったメンバーは、民主党と会派を組みます。そして年が明けて２０１６年3月、維新の党と民主党は合併し、民進党が設立されます。

その時、維新の党は、まだ設立1年半ほど。なぜ、わざわざ結成した党がこうも簡単になくなってしまうのか。一期生の私には政局のことはよく理解できませんでした。

一方で、こうも考えました。さすがに旧民主党が母体で、全国に組織を持つ民進党は、簡単になくなることはないだろう。ここが、自分の安住の地になる。もう、政局に左右されないで、腰を据えて仕事をしよう。

しかし、政局の動きは、これでは終わりません。

２０１７年9月28日、臨時国会召集日初日、突然、総理の意向で衆議院は解散。その日、民進党所属議員は一同に集められ、前原代表から、衆議院の候補者全員、小池百合子都知事の立ち上げた希望の党に合流すると提案されます。

前原代表は、「安倍政権を倒すための大きな塊をつくります」「もちろん今まで訴えてきた政策で戦えます」と説明しました。突然の提案でびっくりしましたが、それなら、安倍政権に対抗する、保守層も含めた大きな政治勢力が誕生する。期待できると私はワクワクしました。その集まりで、細かい事項を質問した議員はいましたが、異論を唱える人はいませんでした。「よし、やるぞ！」という雰囲気で会場は満ち溢れたのです。

ところが、この民進党の総会後、別の場所で小池都知事は、「安保法制に賛成しない方は、そもそも希望の党にアプライして来られないんじゃないかと思います」と発言をしたのです。

「やはりそうか」。私はガッカリしました。今度の選挙の最大の争点は、安保法制へのイエスかノーかです。この最重要問題に関して、安倍政権の方針に賛成の人しか、希望の党に入れない。こうなると、有権者にとっての選択肢は、ほぼ政権の方針に賛成だけになってしまいます。

よく考えてみると、２０１５年の安保法制の採決時に自民党所属の衆議院議員で賛成票を投じている小池百合子都知事が、安保法制に反対で安倍政権と戦うなど、考えられません。それなのに、野党第一党の民進党を解党して、希望の党に合流しようという。この決定は、甘かったとしか言いようがありません。

安保法制は大きく注目された法案で、国民の多くが固唾を飲んで見守った採決でした。民進党の議員は、全員、採決時に反対票を入れています。

「もし、同僚みんなが希望の党に入ったとしても、私は、前回の選挙の公約の目玉を覆すことはできない。有権者を裏切ることはできない。一人でも、合流しないという意思を示そう」。すぐにそういう思いに至りました。

翌29日、小池都知事の「排除発言」はニュースで大きく取り上げられます。世論が変わり始めました。これで私への同調者も出るはずだ。あとはいつ記者会見するかだ。早すぎてもダメ。自分の表明がきっかけで、次々と後に続いてくる人が出てくるタイミングでないと、戦況は変えられない。

すぐさま後援会長に、「希望の党には合流せず、無所属での立候補もありえる」と伝えます。かつて私が秘書として仕えた江田憲司さんにも連絡します。

翌30日夜、ようやく田中秀征さんがつかまり、無所属で戦う決意を報告します。秀征さんはの返事は「よし、頑張れ」。混沌とした情勢の中、一人で立つ私の意志に、期待と心配が織り交ざった表情でした。

翌10月1日の正午に記者会見を開く旨を、マスコミ各社に連絡。自分の後援会や関わってくださっている地元自治体議員の方々にも報告します。みなさん、すっきりした表情でした。

当日の記者会見は、すぐにニュースで配信されました。私より少し先に逢坂誠二さんが、民進党を離党し無所属で出馬すると宣言。全国で私が二番手でした。

8章　信念

捨て身

２０１７年10月、混沌の中、気持ちは決まりました。

しかし無名の一期生が無所属で出馬しても、小選挙区での当選はまず見込みありません。ここでまたもや私は、これで生涯最後の選挙になるのかもしれないと考えざるをえませんでした。記者会見もその覚悟で臨みましたが、しかしそれを機に、状況は一変します。

記者会見の二時間後、私はさっそく街頭演説を行いました。選挙区内の小田急線、祖師ヶ谷大蔵駅です。すると驚くことに、「頑張れ！」と握手に来る方の列で、演説が行えないのです。みなさん、満面の笑みと硬い握手でした。記者会見直後ですので、まだネットでしかニュースは流れていないはずです。しかし、ＳＮＳの普及で、即時に多くの方が私の宣言を知ったのです。

それにしても、天下分け目の戦いを前に雲散霧消してしまう野党第一党は、本当に情けないと思いました。

私は、安保法制採決時は、維新の党に属していました。維新の党は、内閣の出してきた安保法制は全否定せず、不足部分を指摘し、対案も出しました。私もその対案の作成に関わりました。しかし、その対案は与党に受け入れてもらえず、それを受けて、採決で反対をしました。旧民主党は、そういった是々非々のスタンスではなく、多くの議員が激しく反対表明し、プラカードも持って採決時に議場に押しかけました。その場面は、一期生であった私の目に焼きついていました。

その直後の選挙です。あれだけ反対した法律に、賛成側で選挙を戦うなんて――。私には衝撃でしたし、その感覚が理解できませんでした。後になって、それぞれの議員に、逡巡や事情があったことも分かりましたが、その時点では、怒りもこみ上げてきました。「そんな変節をしたら、今後、選挙は戦えなくなる。決定的に有権者から見放される」。

今の野党への支持低迷は、一つは、民主党政権時代の失敗、いま一つがこの「希望の党騒動」での右往左往、この二つが原因だと思います。野党議員たちに、国民が愛想を尽かしたのです。簡単に挽回できるものではありません。

立憲民主党から出馬

後の報道を見ると、私が無所属で戦うと記者会見した10月1日の夜、枝野幸男さんらが集まり、新党結成を決めたようです。

その会議の後だと思います。長妻昭さんから新党を作るから参加しないかと電話がありました。その時は参加するともしないとも返事をしませんでした。希望の党と政策が違うから参加しないと会見したのに、別の新党に政策も聞かないで参加すると答えることはできません。

翌日2日に、枝野さんは一人で立憲民主党の結党会見を行います。私もネットで記者会見の内容を確認しました。方向性は一致していそうです。方向性が一致するなら、先輩方がせっかく誘ってくださった縁は大切にするべきではないか。そう考えました。

その夜、長妻さんに電話をしました。「確認があります。原発ゼロ、企業団体献金禁止、そして、民主党政権時代に決めている消費税増税は凍結。この三つは、新党の政策に入りますか?」。すると、「もちろんだ」という返事。

その後、枝野さんにも電話をし、同じ質問をします。答えを聞いて、同じ思いであることが確認できましたので、「参加させてください」。枝野さんは、クールに受け答えをしていましたが、電話を切る寸前に「ヨッシャー!」と叫んだのが受話器の向こうから聞こえました。日一日、毎日が緊迫していました。

この選挙の結果は——意外にも、小選挙区での当選です。東京の小選挙区で当選できた野党議員は、長妻昭さん、菅直人さん、海江田万里さん、そして私。私以外は、総理や大臣経験者です。自民候補とはたった0・8%差で、開票率99%でも結果が分からない激戦でした。

私の見立てでは、小池百合子都知事は、なかなかいない、自分で世論の波を作ることができる政治家です。今回の選挙を見ると、立派な国会議員のそれなりの数の方が、その波にタダ乗りしようとする姿に、有権者は幻滅したのではないでしょうか。私は、その波には乗らないと宣言したわけですが、今すぐ私の力で波を作ることは到底できません。枝野幸男さんが立ち上がったことで、もう一つの力強い波ができたのです。人気に乗るだけでは、価値ある仕事はできません。自分で波を起こし、世論をいい方向に動かしていく。それがあるべき政治家の姿勢だと思います。

人の縁、党の縁

過去の手帳を整理していて、枝野幸男さんと初めて話した場面を思い出しました。ある政治評論家の方の勉強会に参加し、ゲストが枝野さんでした。2014年、私の初当選の少し前でした。当時、枝野さんは民主党の幹事長で、私は違う政党の候補者です。

枝野さんが私に言った言葉の中で、今でもはっきりと覚えているのは、「今の若手の多くは、演説をする時に、〈私たち○○党は〉と言う。主語が所属政党になっている。伸びる若手は〈私は〉と自分を主語にして語る。考えを自分の責任で堂々と言えない若手は伸びない」。

枝野さんは覚えていないかもしれません。しかし私にとっては、自分のやり方を信じてやっていこうと思った決定的瞬間でした。他党の幹事長に背中を押されたわけですが、その枝野さんが数年後に、自分の所属政党の代表になるとは、思ってもいませんでした。

私が自分の事務所を立ち上げた2010年から、いったい、いくつの新党ができたでしょうか。野党再編がずっと続いています。私の所属政党も、みんなの党、結いの党、維新の党、民進党、立憲民主党と、五つ目です。それらのうち立憲民主党以外は、もう存在しません。そしてまた今、立憲民主党も含めた新党構想が上がっています。

全国に根を張る民進党設立に参画した際、これでやっと安住の地をえることができると思ったものでした。しかしその民進党も、たった一年半でバラバラになってしまったのです。

ある人が私に言いました。「中曾根康弘さんや田中角栄さんら、1940年代から国会議員をして総理になった方々は、自民党ができる前に、いくつの政党に属したと思う?」。分かる範囲で調べてみると、中曾根康弘さんは、自民党で5党目。田中角栄さんは7党目でしょうか。40～50年代も、政党が離合集散を繰り返していました。今の野党冬の時代の中で、私もなかなか腰を据えた政党活動はできませんが、より国民のためになる政治勢力が早くできるよう、力を尽くしたいと思います。

党の役職

２０１７年秋の衆議院選挙は、フタを開けてみると、立憲民主党は15議席から55議席への躍進。野党第一党になりました。小池さんの希望の党が第一党になると思われていましたが、僅差で立憲の議席数が上回りました。

私は、長妻昭政務調査（政調）会長を支える、政調副会長を拝命しました。

立憲民主党はどういう政党かと、よく尋ねられます。一言でいえば、仕事がしやすい。歴史が浅い政党は、所属議員にとっては、意見を言いやすく、何でもやりやすい環境です。

それから、枝野代表のメッセージも、私には心に入りやすいものでした。私が初めて所属した政党はみんなの党でしたが、当時の渡辺喜美代表の街頭演説での決めセリフは、「みんなの党はあなたの党です」でした。今、枝野代表の街頭演説での決めセリフは「立憲民主党はあなたです」。よく見てみると、体型も似ていますし、二人とも栃木出身なんですよね。枝野さんの隣で演説していると、みんなの党時代を思い出し、何だかものすごく懐かしい気持ちがしてしまいます。

党の役職は、政調副会長の後に、国会対策（国対）副委員長も経験させてもらいました。

そして、政策分野では、経済産業部会の責任者。国会では、経済産業委員会の野党側の責任者である野党筆頭理事。もし、昔の民主党にあった「次の内閣（ネクスト・キャビネット）制度」があれば、ネクスト経済産業大臣です。

ちょっと前まで一期生だったのに、いきなりこの役職。私にとっては、かなりの重荷でした。その後、旧民進党の先輩方が、無所属などから立憲に入ったので、役を代わっていただきました。

野党第一党の責任ある役職を複数同時に担ったのは2年あまりでしたが、その経験を活かし、今でも、東北復興分野の部会長や、経産部門の事務局長など、多くの役を任せていただいています。

役職ついでに話を延ばせば、「総理になりたいですか？」も受ける質問です。私はこう答えることにしています。「ナンバーワンよりオンリーワンを目指し、日々努力をしたいと思います」。

政治家の誰もが人を押しのけ、上にのし上がろうとしたら、それこそ、サル山のボス争いになります。政治家は、有権者から国を預かる身。日々、立派な人間になることを目指し、鍛錬を重ねるべきです。地位は結果であり、二の次だと思います。偉くなることを目指すのではなく、「この人がいるから、まだ世の中は捨てたものではない。まだ今の政治に期待ができる」と思ってもらえるような政治家になりたいのです。

三つの方針

さて、私個人の政治家としての地元活動のスタイルについてお話しします。私は、三つの方針を意識しながら、この10年、政治活動を行ってきました。

まず、一つ目は、企業団体献金は受け取らないということ。国会議員や政治家は、国民全体の代表です。特定の企業、特定の団体から、多額の献金をもらったり、活動のための人も派遣してもらったりでは、その団体や企業の代弁者になってしまいます。企業、団体から教わることはありますが、癒着はいけません。癒着を避けるには、少なくとも、お金はもらわない。その代わり、賛同いただく個人の方々に、少しずつ、ボランティアでお手伝いをいただいたり、カンパで支えていただく。それでこそ国民全体の代表として、成長していくと思います。

二つ目は、地元の有権者と本音の関係を築くということです。政治家が、地元の運動会に来たり、お祭りに来て、挨拶するのはよくあること。しかし、一方的な挨拶だけでは、名前を売ろうとするだけで、大した意義はありません。

そういう一方的な関係ではなく、双方向的な関係を築きたい。例えば、私の地元世田谷にも、多くの分野の専門家がいますし、有権者全員が何らかのその道のプロであり、その人しか知らないことがあります。一方、政治家は万能ではありません。場面場面に応じて、その分野の専門家から、いろいろな指摘をいただく。「あなたはこう言ったけど、国民の多くはそうは思っていない。こう思っている」。そんな意見を私に直接言える関係、そして、私が何でも率直に聞ける関係。そういう関係を築くことが、民主主義を機能させる上で重要なのです。

三つ目は、私の活動を通して、政治を志す若者も育てることです。「育てる」と言うと偉そうですので、一緒に成長していくと言う方が正しいかもしれません。

政界を見渡しますと、残念ながら、これからのわが国を担える有為な人材は、ほとんど見当たりません。これは、国民にとっての不幸です。たとえ私が有為な人材にな

▲ 2019 年、衆議院本会議に臨む筆者

りえたとしても、一人でどれだけのことができるでしょうか。やる気と能力と、しっかりした志を持った若者を育てていく。私の事務所では常に、政治に興味のある学生や若いビジネスパーソンにも、運営に関わってもらっています。すでに数名、私の事務所の卒業生で議員になった若者たちがいますが、これを続け、全国に散らばって、世の中のために戦ってくれればと願っています。

今の野党に足りないのは

民主党政権時代の反省と検証に加え、今の野党に足りないと思うのは、人材を育てるシステムです。政治家は、学校の授業のような座学で育つものではありません。政治は、職人技のようなところがたくさんあります。国会のルールは、明治時代以降の政治家同士、政党同士の話し合いの中で、ルールが少しずつできあがっています。政策を作る際も、官僚機構の仕事のルールも、歴史を積み重ねてできています。この独特な世界で活躍する人材を育てていくには、先輩が後輩に背中を見せることが必要です。

しかし、これは、野党には派閥が実質的に無いということも関係するかもしれませんが、気心知れた先輩方にちょっとした相談をするという場も無い。まず、常に顔を会わす、気心知れた先輩を作ることも難しいですし、相談するにも、議員は分業しているので、先輩たちも自分の専門外のことは分からない。

「総合デパート」のように、あらゆる分野の専門家の集まる派閥のようなものが、若い議員を少しずつ育てていく。このような機能は、何らかの形で必要であると思います。党と議員の中間に位置する人の集まりが。派閥を復活させれば、それもそれで弊害が生まれるでしょう。しかし、派閥が無くなったことで、政治家として総合的な力を持った人材が育たなくなってしまっている。これをどう克服するかは、党としても考えなければならない問題だと思います。

今の野党幹部は、10年前とほぼ同じ顔触れです。テレビのドラマでも、いくら何でも10年間同じキャストで続ければ、視聴率は下がると思います。政治も、次から次へと新しい政治家が出てくる状況にしていかなければ国民の期待は高まりませんし、政界の質の向上にもつながりません。

私を含め、若手の政治家たちも、先輩たちを突き上げるつもりで常に仕事をしていかなければ、この国のためにはならないと思っています。

第Ⅱ部　方針と提言——未来への舵取りとして

9章　世界の潮流を観る

グローバリズムの功罪

２０１９年、平成の時代が幕を閉じ、令和の時代を迎えました。平成元（１９８９）年秋のベルリンの壁崩壊、平成２（１９９０）年の湾岸戦争、平成３（１９９１）年のソ連崩壊など、ちょうど平成に入ってからの世界の激動を、私も鮮明に覚えています。この世界の地殻変動はわが国の政治にも影響を及ぼし、平成５（１９９３）年、長く続いた55年体制は崩壊、自民党は長期政権を明け渡し、細川政権が誕生しました。

平成の30年間はどういう時代だったか。様々な立場の方々がいろいろな論を述べていますが、私が一言で表すなら、「グローバル化の本格化した時代」でしょうか。

東西を隔てていた鉄のカーテンがなくなり、世界は一気に「フラット化」しはじめ、グローバル化が進みました。グローバル化は、世界中の労働者に最適な仕事をさせ、物を安く大量に生産し、世界中にいきわたらせます。地球全体を覆って商売をする巨大グローバル企業も多数現れました。

しかし、これにより仕事も賃金も世界規模での平準化が進みます。賃金の高かった先進国では、これまでの仕事が奪われ、中間層の没落が始まりました。また国境が越えやすくなったことで、より多くの外国人が先進国に集まることとなり、それが外国人排斥の運動にもつながっています。

今、先進各国で広がっている、反緊縮運動、反グローバリズム運動は、この30年の世界の流れに起因しています。そして、この影響は、近年わが国にも及び始めています。

平成がグローバル化の進んだ時代であるならば、令和はどういう時代になるでしょうか。私は、「情報技術（ＩＴ）が加速度的に進む時代」となると考えています。

人工知能（ＡＩ）はあらゆる仕事に取り入れられ始めています。今後ＡＩが多くの人々の仕事に取って変わることでしょう。人工知能が人間を超えるシンギュラリティ（技術的特異点）が、あと25年後、２０４５年には訪れるとも言われています。

グローバル化が進んだ平成の時代は、日本人が世界に触れることが増えたことで、日本とは何かを考えさせました。保守化といわれる現象や、神社ブーム、歴史ブームなどもその一環であると思います。激しく波打つグローバル化の中で、国民の生活を守るための、国やコミュニティの役割、世界の中で独自の文化を維持する重要性が再認識させられました。

令和の時代は、ＩＴの力が伸張する中で、人間とは何かをあらためて考える時代になるのではないでしょうか。多くの仕事が、機械化、自動化されていく中で、人間にしかできないことは何なのか。これを考えていくことは、これからの時代をよりよく生きる鍵になるはずです。機械には代われない、人間の志の強さや感情の優しさがより見直され、評価される時代になるのではないでしょうか。

これから触れますが、わが国は、特に平成の時代に急速に進んだグローバル化の負の側面への対応が、まだまだ不十分です。それに十分対応していく必要があります。それから、これからのＡＩの時代に求められる一人ひとりのココロのあり方、大切さを見直さなければなりません。これからをいい時代にするために。

多文化と均質化

私は、２０１８年末に、オーストラリアのシドニーを訪れました。オーストラリアは計画的に移民政策を続けてきた国です。多文化共生が長い間意識されてきました。まだ白豪主義が残ってはいるものの、外国人でも生活がしやすい、行動がしやすい仕組みがいたるところで確立されています。

シドニーの空港に降り立つと、まず入国審査があります。そこは全て自動化されています。パスポートの写真の部分を機械の上に置いてくれと、モニターがアニメーションで指示してくれます。言葉が分からなくても、そのアニメーションが分かりやすく説明してくれるのです。

パスポートが読み取られると、その機械は日本人のパスポートだと認識し、日本語音声で説明を始めます。券を取って、前に進めと。そして、言われた通り前に進むと、次の機械による写真撮影。これで、入国審査は終わりです。

係員と話をすることもなく、そして機械も分かりやすいので戸惑っている人は見当たりません。

シドニーの空港は、地下鉄と直結していました。切符はタッチパネルで購入できます。支払いには日本のクレジットカードが使え、自動改札機も通れます。

地下鉄を降りてから、お腹がすいたので、マクドナルドに入りました。注文は対面のレジではなく、その手前にあるタッチパネルです。商品の写真にタッチすればいいのです。カード払いをすると、番号の書いたレシートが出てきます。その番号を店員さんが呼び、私は注文したものを取りに行きます。

よく考えてみると、飛行機を降りて、地下鉄に乗って、ご飯を食べ終わるまで、一度もオーストラリア人と会話をしていないのです。その後、仕事でやっと、人と話をすることとなります。

その数か月前に訪れたカナダも、移民の多い国です。そこでもやはり、入国審査も、切符を買うのも、空港でのチェックインも、タッチパネルは日本語表示を選ぶことができました。

世界一律に、タッチパネルで自動でカード払い。その国の言葉がうまく話せなくても、何とかなる。多文化共生を目指している街とは、分かりやすさと均質性を確立した街でした。

均質化とボーダーレスの罠

世界は寿司ブームです。名の通った街では、スーパーでも寿司を売っていますし、回転寿司もあります。世界中どこでも寿司を食べることができます。

東京にも、外国人に人気のタッチパネルで注文できる回転寿司店がありますが、世界各都市の回転寿司屋は、形態も味も、東京のそれとそんなには変わりません。

この数年で本当に世界の「フラット化」が進みました。私でも、大都市であれば、世界のどこでも戸惑うことなく生活ができます。コンビニで売っているカップラーメンもお菓子もだいたいはおなじみの味です。

しかし、その裏返しに、20年前の私の学生の頃と比べ、どこの都市も、そこにしかない特性はなくなってきているようです。

思えば北米やオセアニアの国々は、グローバル社会建設の先陣を切ってきました。グローバル経済は効率を求めます。いつでもどこでも均質な物が手に入るようになり、誰がやってもそのサービスが提供できるようになります。

しかし、例えば寿司は、世界どこでも食べられるようにすれば、当然味は落ちてしまいます。熟練の職人を雇わないので、賃金もこれまでより確実に低くなっていきます。

効率を求め、均一化を目指すことで、質が落ちる。誰でも作れるようにするので、人の技術に対する評価が下がる。このデメリットは、よく考えなくてはなりません。日本でも、職人さんの握る寿司屋はどんどん減り、伝統の技も今でこそ外国人が喜んで高く買ってくれますが、これからは継承が難しくなっていくでしょう。

均質化に加え、経済のグローバル化のもう一つのデメリットは、地域の利潤が簡単に国境を越えてしまうことです。

個人商店、中小企業の仕事は、国際的な巨大なチェーンにどんどん吸い取られていきます。

巨大チェーンは最低賃金で労働者を雇い、その国の消費者の払ったお金はどこか遠くに運んでいってしまいます。

働いている人たちに利益が分配されていないという労働分配率の問題だけではありません。近年は、その国や地方で税収も上がらない問題も発生しています。

経済のグローバル化はたしかに効用もあります。しかしそれに伴って、世界はフラット化し、経済圏はボーダーレスとなり、経済プレイヤーの巨大化により、消費者の払ったお金や労働者が働いた成果を、簡単に世界中に飛ばすことが可能になってしまいました。

吸い上げられるマネー

国会で様々な経済政策を見てきました。その中で特に最近気になるのが、「会社とは何のためにあるのか」という概念が、大きく変わってしまったことです。

私は、学校を出て就職した際、「会社のステークホルダー（利害関係を共有するもの）とは、お客様、株主、そして従業員だ」と教えられました。伝統的な日本の企業では、このようなことを新入社員に教えてきたのです。会社は、一部の人だけのためにあるのではなく、「おおやけのうつわ」、公器である。会社が公器でなければ、社会は成り立たない。これが日本人の共通の認識でした。

世界を見ると、特に80年代以降、金融資本主義が勃興し、それに合わせて株主の力を強くしていく「コーポレートガバナンス（企業統治）」改革が行われました。わが国にも特に90年代以降、「グローバル化」の名のもとに企業統治改革が行われはじめ、その影響はじわじわと押し寄せてきました。

図1　日本の資本金10億円以上の企業の売上高、給与、配当金、設備投資等の推移

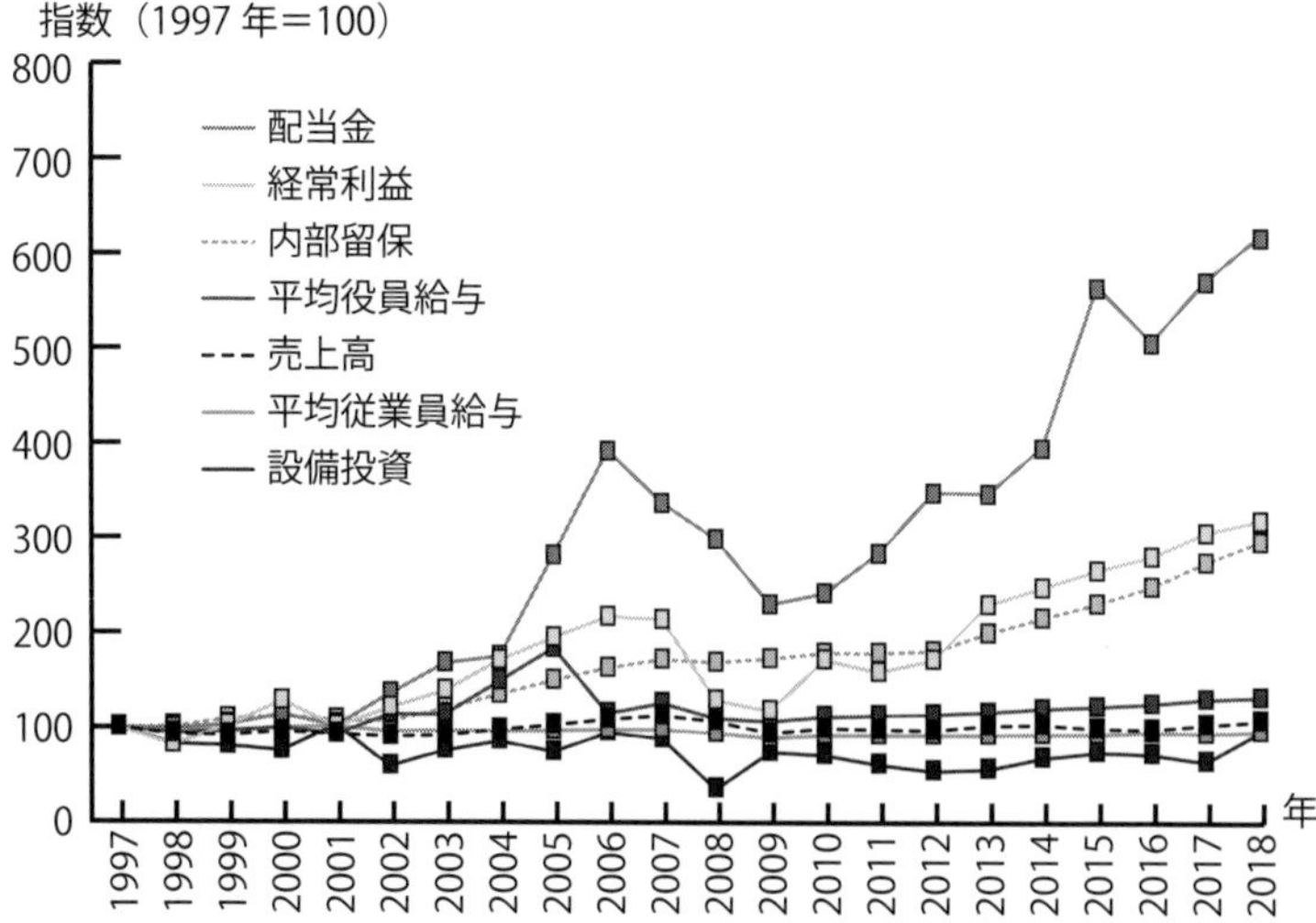

出所：財務省「法人企業統計」
備考：平均役員給与＝（役員給与＋役員賞与）／期中平均役員数
平均従業員給与＝（従業員給与＋従業員賞与）／期中平均従業員数
設備投資＝（当期固定資産＋当期減価償却費）－（前期固定資産）
※固定資産：土地、建設仮勘定、その他の有形固定資産、ソフトウェア

ここに、財務省の法人企業統計から取ったグラフがあります［図1］。1997年を基準にすると、2018年の時点で、企業の売上高、従業員給与、設備投資は、1倍前後で、残念ながら低迷しています。しかし一方で、配当金だけは6・2倍にも膨れ上がっています。

この20年間で、日本経済は変質してしまいました。

社会の公器であった会

社は、どんどん、投資家、投機家の物になってしまっています。バランスを崩してしまった。いくら従業員が働いても、その成果は、給与増につながらないし、次の成長のための設備投資にもつながらない。短期的な株主還元ばかりにつながっているのです。

驚くべきことに、名だたる企業の中には、利益の8割を株主に還元しているところもあるのです。四半期決算などに重きを置く短期主義的な経営では、中長期的な観点に立った投資や人材の育成はできず、日本企業の国際競争力はどんどん下がっています。

世界の富は、特にこの10年で極端に一部の人たちに偏重し、この偏重ぶりは誰もが認識するようになりました。アメリカでも、金融の中心地であるウォールストリートへの不信が巻き起こり、トランプ現象のきっかけともなりました。そしてイギリスでもブレグジット論争が起き、フランスでも黄色いベスト運動が起きています。金融資本主義、従来型のグローバリズムは、今、岐路を迎えています。

世界各国が次のあり方を模索している今、わが国は、何年も遅れて、これら金融資本家の力をより強めるルールを整備しています。さらなる短期主義的な経営を促進したり、短絡的に事業を売買するM＆Aを促進する法改正も行われ、時代に合わなくなった制度をさらに強めようと尽力しています。現政権は、時代認識を間違えているのです。

行きすぎた金融資本主義に未来はない

近年、わが国の株式市場でも増えている「自社株買い」が海外では問題になり始めています。会社が従業員のお給料や他のコストをカットをして出した利益を、自社の株を買うことにつぎ込む制度です。それにより株価は上がります。配当金とは別の形での既存株主への還元策です。そして、これは、自社の株を持っている役員にもノーリスクでのリターンになります。

アメリカの証券市場では、１９９０年代から、新株発行額よりも自社株買いの額の方が上回ってしまっています。新株を発行すれば、投資家から会社にお金が流れるわけですが、自社株買いの方が額が多いということは、会社から投資家に流れるお金の方が多いということです。従業員が働いた成果を投資家が吸い上げるために、株式市場が存在していることになります。わが国でも、２００１年から自社株買いが解禁され、外国人投資家の圧力などにより、ますますその額が増えています。

２０２０年2月14日の「日本経済新聞」によりますと、アメリカの企業は、合計すると約7兆２０００億円も債務超過になっているそうです。債務超過企業の中には、数々の有名企業が含まれています。債務が超過した原因は、利益を上回る株主配当や自社株買いを行って、資本を取り崩していることにあります。これが、「グローバルスタンダード」の実態なのです。

従業員の働いた成果であり、コストカットの成果である利益を、このように株主還元に使ってしまうことに、ブレーキがかからない。この問題に着手し、解決しなくては、健全な経済は成り立ちません。

現行の日本の会社法は、株主や役員の利益を向上させるインセンティブは担保されていますが、従業員のお給料を上げるインセンティブがありません。海外ではそれを問題視する議論が始まっています。それなのにわが国では、ここには手をつける素振りさえ見えません。検討しなくてはならない重要課題です。

複層経済圏へ

以上に述べたことからもお分かりかと思いますが、「国益のために国を開く」のであれば、同時にもっと強力に「閉じた経済圏」も作らないと、国内の産業、その地域の産業は急速に衰退していってしまいます。

単層的な経済システムではなく、グローバル経済に対応する経済プレイヤーとは別に、**グローバル経済に影響されない経済循環も併せ持つ複層的なシステム**をつくらないといけません。

その地域ごとの自立した経済循環、そして、隣接した地域同士の連携。東京や都道府県の県庁所在地だけでなく、さらに細かい網目を持った、小さくて多くの連鎖した自立的な経済圏を意識的に作っていくことが、今、重要です。

例えば、生活者は必ず食べ、必ず電力を使い、年をとりますので、農業やエネルギー、福祉など生活に直結した仕事は、地域で自立化しやすいでしょう。

経済のグルーバル化が加速している今、「閉じた経済圏」を本気で構築していかなければ、私たち一人ひとりの仕事は、国際的な大資本企業の下請けとなり、富は海外に吸い取られていくばかりとなるでしょう。

政治は、責任を持って、経済システムを、時代に合ったよりよいものに作り変えていかなくてはなりません。

無原則にグローバル化の波に乗ろうとするのではなく、この大波の中で、主体性を維持することを考えるべきです。それでないと、国民の生活は守れません。波に呑まれてしまいます。

例えばヨーロッパのいくつかの国や地域のように、地域の独自性、個々の独自性を維持する努力をしていかなくてはなりません。そうしなければ私たちは、ただの「安い労働力」になってしまいます。

10章 波に呑まれないために

「働く」を守る

前章で見たように、安倍政権の成長戦略の柱の一つである「グローバルスタンダードに則った」コーポレートガバナンス改革は、投資家、投機家の力の拡大に偏り過ぎている一昔前の改革です。このままでは、日本人はどんどん貧乏になり、富は、投資家を通して、どんどん海外に流失してしまいます。

「働き方改革」もそんな「改革」の一つでしょう。そもそも働き方改革は、ほかでもない、働く人たちのためにあるべきです。しかし実際には、企業経営を身軽にするために、「雇用の調整弁」として行われています。

20年前ほど前から派遣労働がどんどん解禁されたこともあり、非正規雇用者の割合は増えています。それが、企業の利益が上がっているのに賃金は上がらない原因の一つです。多様な働き方は、国民のためになると安倍総理は言っていますが、30年前と比べると割合が倍増し、今や非正規雇用者が4割。これは異常です。

　働く男性のうち約2割は非正規雇用ですが、若年層~中年層の男性のほとんどは、正規雇用を希望しています。女性にアンケートを取ってもしかりです。自分から非正規雇用を選んだのではなく、非正規雇用にならざるをえない経済が作られているのです。

　さらに近年、新しい形態が生まれ始めました。「名ばかり個人事業主」と言われる人たちです。非正規雇用者は、非正規ながら会社に雇われています。名ばかり個人事業主は、社員と同じような仕事をしているのに、身分は個人事業主なのです。仕事の受託料は、お給料よりも少し高いかもしれません。しかし、雇用者と同じようには守られていません。年金なし、保険なし、残業規制なし。不況になれば、まっさきに切られるのはこの方々です。今、その方々を含むフリーランスは３００万人を超え、就業者の５％ほどを占めるようになりました。今後、ますます増えることが予想されます。こうした立場の方々の仕事を守る法整備が今後必要です。

多様な働き方ができるようになること自体はいいことではあります。しかし、その働き方改革の目的がコストカットであり、賃金カットであるならば、国民は幸せになりません。表向きの説明と実情が違う。国民のためになっていない今の「働き方改革」は、厳重な監視と、現状の改善が必要です。

外国人労働者と賃金

２０１８年秋に、入管法が大きく改正されました。これまでは、高度な専門性を持つ外国人などに限っていたのを、より一般的な仕事をする外国人も入ってこられるようにし、５年間で、34万人もの外国人人材を入れることを決めたのです。そもそも、この改正前から、安倍内閣下ではなし崩し的に外国人労働者が増えていて、２０１６年の外国人居住者の受入数は、世界の主要国の中で4位でした。これは、事実上、移民政策を採用しているに等しいことです。

様々な人種が世界で共生できるようにする。これは、悪いことではありません。どんどんその環境は作っていかなくてはなりません。しかし、「多文化共生」の美名のもとに、企業側の都合で低賃金労働者を確保する政策を進めている現状は、改めなくてはなりません。

そもそも、アベノミクスの弱点は、国民の賃金が上がっていないことだと、多々指摘がされてきました。２０１８年１月に、私もテレビの討論番組で指摘したところ、同席していたある安倍内閣応援団の一人であるエコノミスト先生が、ＣＭ中に私にささやきました。

「落合君、今後日本は労働力不足が顕著になるから、特に２０１９年からは、劇的に賃金が上昇すると思うよ」

しかし、そうはなりませんでした。彼が予測したまさにその２０１９年の前年、政府は安く働く外国人労働者の受け入れを決めたのです。

他の経済専門家の意見を調べても、安価な外国人労働者を大量に入れれば、日本人の賃金は上がりにくくなると指摘しています。民間大手のシンクタンクも、同様の試算を出しています。

要は、国民の賃金を上げて個人消費を増やす、日本経済全体の好循環を実現させるよりも、財界からの要望である低賃金労働者をもっと増やすことを優先したわけです。

派生するのは、賃金の問題だけではありません。わが国で働き生活する外国人が増えるわけですから、対応する行政機関は多岐にわたります。日本語や、日本での生活の基本的なルール、基本的な法律なども学べるようにしなければなりません。社会的コストは、みんなで負担をするわけです。自分たちの賃金が上がらない原因となる外国人労働者の受け入れのコストを、広く国民が負担する。こういったことを急進的に進めて、多文化共生ができるのでしょうか。難民の受入ならともかく、安易な外国からの低賃金労働者の受入れ政策は、真の多文化共生社会を実現するためにもやめるできです。

深刻な人手不足は、ＩＴ化や機械化などの技術革新を起こすチャンスでもあります。そして、日本経済の弱点である賃金アップや、非正規雇用の正規化、そして経済の質を高める大きなチャンスです。外国人労働者をコマとして安易に大量に受け入れると、日本経済の健全な発展やイノベーションも阻害してしまうのです。

ちなみに、「子供・若者白書」（内閣府）によると、２０１７年の若年無業者は71万人です。現在、政府が支援すると言っている35歳から44歳の就職氷河期世代の無業者は40万人、正規雇用を希望している非正規の人が50万人。それから障害者雇用も進んでいません。急いで34万人の外国人人材を入れる前に、やるべきことがあるのです。

脱グローバル化へ

冷戦終結後の30年間、「これからはグローバル化の時代」としきりに言われてきました。ヒト、モノ、カネをグローバルに効率的に運用することが、日本経済にプラスになる。それを前提に、政策が打たれてきたわけです。

しかし、今回の新型コロナウイルス感染症の蔓延をきっかけに、私たちが気づいたのは、国境が封鎖されたら、マスクや医療品のような生きる上で重要なモノさえ、国民は手に入れることができなくなってしまうということです。このサプライチェーン（モノの供給網）の過度なグローバル化、海外依存は修正しなければなりません。

先ほど取り上げた株主や金融資本家を重視しすぎる弊害も、カネのグローバル化を進めすぎた政策のひずみです。

そして、外国人労働者を受入れはじめ、ヒトの移動のグローバル化を過度に進めた結果、国内労働者の賃金は抑制され、みんなが貧乏になってしまう状況が世界的に生まれました。また、国内の購買力の低下の穴埋めを、過度に外国人観光客に頼り過ぎたことの弊害も、顕著になりつつあります。

そんな今、世界的に、反グローバリズムの運動が起きています。グローバリズムの先陣を切ってきた英国も移民政策の見直しを打ち出し、最近は「高度人材」に絞ることを発表しました。モノの移動を制限するために、世界各地で関税引上げ交渉が始まっています。そして、金融に偏り過ぎた資本主義の問題が、世界の経営者の集まるダボス会議でも話し合われています。

健全な経済循環の実現のためには、グローバリズム一辺倒だった今までの政策は、改める必要があります。私は、この考えを「反グローバリズム」ではなく「脱グローバリズム」と表現しています。

「アベノミクス貧乏」が生まれている

安倍総理がしきりに「成功している」と言い張っている経済政策「アベノミクス」。実際はどうなのか、数字を見てみましょう［次ページ図2］。

第二次安倍政権が始まった2012年と最新の数字が確認できる2019年を比べると、物価の上昇に賃金の上昇が追いついておらず、国民の実質的な賃金は下がっています。ここまで述べてきた、従業員のお給料より株主還元重視、安く雇うための「働き方改革」、安価な外国人労働者大量行け入れ政策などを、「成長戦略」として推

図２　物価、名目賃金、実質賃金、消費支出の推移

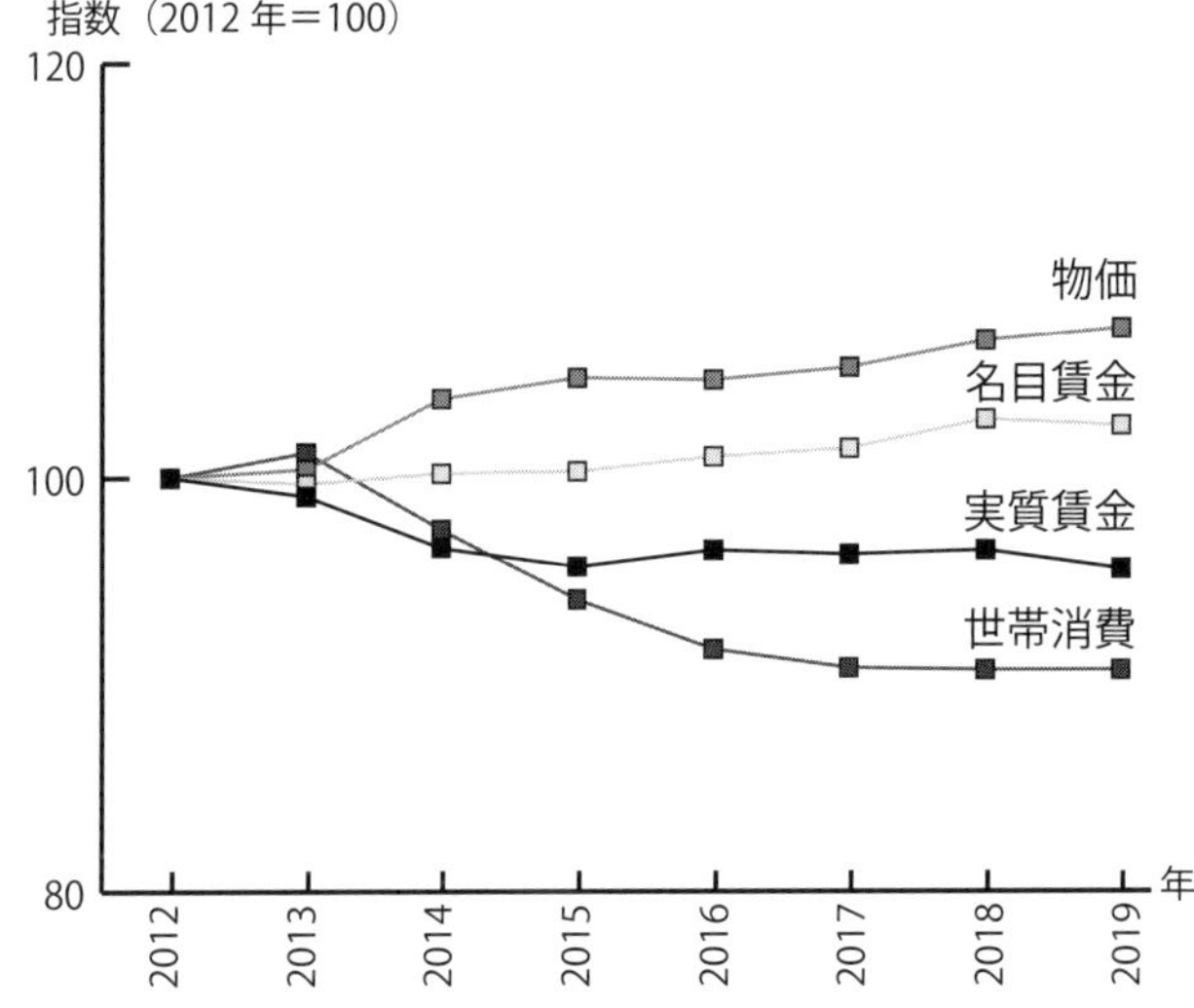

［出所］厚生労働省「毎月勤労統計」、総務省「消費者物価指数」、総務省「消費動向指数」

［備考］実質賃金指数及び名目賃金指数：調査産業計、５人以上、現金給与総額による。
消費者物価：持家の帰属家賃を除く総合の指数による。
世帯消費：総世帯の実質消費支出による。

し進めてきたので、当然こういう結果になってしまいます。

さらにこの状況下で、消費税を２回も増税したこともあり、国民の消費額は大幅に下がりました。

また、国民の資産を見ても、この間、持ち家比率が低下しただけでなく（総務省「住宅・土地統計調査」による）、貯蓄ゼロ世帯の割合も大きく増加しています。

２０１２年と２０１７年を比べ、20歳代38・９％→61・

0%、30歳代31・6%→40・4%、40歳代34・4%→45・9%、50歳代32・4%→43・0%、60歳代26・7%→37・3%と、全世代で貯蓄ゼロが増えています。この実態を指摘された政府は、２０１８年から統計の取り方を変えてしまい、貯蓄ゼロの割合を人為的に下げました。

国民が貧乏になっているにもかかわらず、経済政策は成功していると言い張っている総理大臣。そして現状、マスコミがその矛盾を深く突くこともありません。私たち国民がはっきりと現状を認識し、立ち上がらなければ、この路線はずっと続いてしまいます。

なお、失業率は低下し、雇用は堅調と総理は強調してきましたが、人口減少を受け、失業率の低下は、政権発足2年前の２０１０年からはっきり見られます。つまり、堅調な雇用はアベノミクスの成果ではありません。そして、目下、コロナ禍がきっかけとなり、失業者は増え始めています。

このように、アベノミクスは、国民にとってはちっともありがたくない結果をもたらしています。しかし、**経済が好調であるかのような錯覚**をもたらしました。それが、株価のつり上げです。

安倍政権になってから、政策を変更し、日銀、私たちの年金基金、郵便貯金などの巨大な資金が、大量に日本株を買うようになりました。

株が上がって得をするのは誰でしょうか？　株を持っているお金持ちです。そして、企業経営者です。

歴代、自民党は、わりと経営者の立場に立った経済政策を行ない、自民党政権は、企業経営者たちが資金的にも支えてきました。政権を支える彼らのための経済政策――残念ながらそれが、アベノミクスの実態なのです。

〝お金をいかに幅広く環流させるか〟が好循環のカギ

アベノミクスの三本の矢は、日銀の金融政策、政府の財政政策、規制改革でした。日銀は、お金を世の中に大量に供給しました。しかし、その多くが金融機関に滞留してしまった。投資先、融資先がないのです。政府は、この20年、外国人投資家を増やして、資金を日本に呼び込もうと、金融改革や企業統治の改革をしてきました。国内のお金が余っているのが問題なのに、「美味しいところは外国人投資家に」という政策を行ってきたわけです。本来外資導入は、国内にお金が足りていない国が行う政策です。

そして、M&A（企業の買収合併）の制度の強化など、すでに力がある企業が弱い企業を抑えやすくする政策を進めてきました。これでは、資金需要のあるベンチャー企業が育ちません。金融政策の効果を減らす政策ばかり行ってきたわけです。

財政政策も、何にお金を使ってきたのでしょうか。残念ながら、わが国も貧富の格差が広がり、子供の貧困率や、一人暮らしの女性の貧困率が社会問題となっています。相対的貧困層に、子供の14％が、65歳以上の一人暮らしの女性の50％数以上が該当してしまっています。

消費性向といって、**政府が配ったお金を消費に回す割合は、所得が低いほど高い。**つまり経済効果がある。お金が足りていない世帯にお金を配れば、ほとんどが消費にまわるわけです。お金持ちの資産価値を上げる政策に注力するのではなく、お金の無い家庭に政府が分配するべきです。この分配政策の足りなさも経済の好循環の実現を阻んでいます。

今の所得の上がらない経済政策は日本の多くの可能性を阻んでしまっています。内閣府の２０１３年版の「家族と地域における子育てに関する意識調査」では、若い世代に未婚、晩婚が増えている理由として、「経済的に余裕がないから」が47・４％を占めています。

そして、規制改革。森友問題、加計問題に象徴されるように、規制改革で、優遇されているのは、総理のお友達や、政府の審議会の委員などを務める方の企業です。総理の周りにしか経済的なメリットをもたらさない改革を行っている限りは、経済は上向きません。

政策は状況に応じて――英国の例

１９４５年の終戦。

英国では、戦時中に国民から圧倒的な支持を受けていた保守党のチャーチルが、終戦直後の総選挙では労働党アトリーに完敗し、労働党政権が樹立されました。

廃墟の中で、街に失業者があふれ、飢えた国民があふれる中、労働党内閣は、主要産業を資本家から取り上げ国有化し、国民皆保険も導入、安い公的な住宅の供給も行いました。この政策で、資本家から搾取され、生活もままならなかった大多数の国民が、家族と共にふかふかのベッドで寝て、ご飯が食べられ、教育を受け、病気になった際は医療も受けられるようになったのです。

しかし、それから四半世紀後の1970年代になると、「英国病」と言われる経済停滞をもたらすことになります。主要産業の国有化は、経営者を資本家から官僚に変えただけであり、今度は、肥大化した官僚制度に問題が起き始めました。

そこで、1979年に首相に就任した保守党のサッチャーは、サッチャリズムと言われる改革を進めることとなります。国有化した主要産業の民営化です。政府の役割を小さくし、市場の役割を大きくすることで、経済を効率化し、新しい産業を興して、英国経済を活性化しようとしました。

この市場経済を使った改革路線は、米国にも波及し、資本主義国は一気に経済、金融を膨張させ、社会主義国との戦い、冷戦は、圧倒的な経済力の差で終結を迎えることとなります。

冷戦終結後、1990年代に入ると、新興国が経済的に勃興し、経済のグローバル化の中で、再び英国は危機を迎えることとなります。

そこで誕生した労働党のブレア政権は、「第三の道」を取りました。膨張する世界市場をいっそう利用する、グローバリズムに基づく改革を進めると共に、教育をはじめ、最低限のセーフティネットを国家が責任を持とうとするのです。かつての労働党政権と保守党政権の、それぞれの政策のいいとこ取りを狙います。

しかし、２０１０年代に入り、本格的な経済のグローバル化の中で、国民の経済的格差は拡大し、固定化。また中東などの政情不安の中で移民や外国人労働者も増え、それに対する不満も出始めています。「反緊縮」「反グローバリズム」の声が起こり、英国政府はその対応に追われています。

このように、英国を例に見ても、歴史や状勢によって、適切な政策が異なるということが分かります。医者が患者の病状に合わせて処方をするように、経済政策や税制も、その状況に合わせて打たなければ、いい効果は生まれません。

日本の政策転換点は？

わが国を振り返ってみると、戦後、英国ほどの社会主義的政策が取られることはありませんでした。しかし、製造業の「傾斜生産方式」や、金融機関の「護送船団方式」など、根幹は官主導の経済政策が行われました。国民のほぼ全員が貧しい時代、産業全体が壊れ、これからまた成長していく時代は、官主導の方が急成長を促せることが多い。池田内閣は所得倍増計画を達成し、佐藤内閣で沖縄返還も成し遂げ、やっと戦後が終わったという雰囲気の中で、田中角栄内閣は福祉国家構想や均衡ある国土の発展を打ち出しました。

その中で、わが国においても、官主導経済のほころびが見え始め、1980年代、中曾根内閣は、サッチャー政権と同じような改革路線を取ります。その路線は基本的には、現在まで続いています。

これから打っていかなければならない政策、それは、そろそろ**市場一辺倒で経済を活性化しようとする路線を、転換する**ことです。

日本の大企業は、いくつかはグローバル化に対応するために生まれ変わり、ITベンチャーのいくつかも大企業へと成長し、成果もありました。しかし、中途半端なわが国の社会保障システムは、本格的な少子高齢社会を迎え、対応できなくなりつつあり、雇用の変化の中で、社会保障が必要なのは、お年寄りだけではない時代を迎えています。わが国でも格差の固定化が経済の活性化を阻んでいます。

こういうセーフティネットの強化、機会の均等化は、市場原理だけでは成し遂げられず、政府は今までより前面に立たないといけません。

「反緊縮」「反グローバリズム」という考え方は、字面で見ると、極論に見えるかもしれません。しかし、「政府の役割は小さければ小さいほどいい」「国内隅々までグローバルスタンダードに合わせた方がいい」という行き過ぎを正し、現実的な政策を一つ一つ漸進的に打ち出していくことが、国民の生活の安定と、社会の健全化、国家の発展をもたらしていく。今は、そういう時代状況なのだと考えています。

なお、1000兆円の借金を次世代に残さないためには、財政支出を減らし、かつ消費税を上げよと議論されています。しかし、日本の国債（借金）はほぼ、国内で消化されています。つまり、貯蓄のあるお金持ちの国民が、国にお金を貸している状況です。お金持ちの国民からの借金を返すために、貧困層も含め幅広く国民からお金を巻き上げるというのは、理にかなった政策ではありません。

国民から預かったお金を、より有効なことに使う、使い方の改善をすること。返済のための増税なら、なぜ消費税に限って議論されるのか、考え直すべきです。時代が変わっているのに40年前と同じ議論をしていては、この国の将来は開けません。

11章

国内政策はこうだ！

社会保障には課税の累進強化を

年を取った時の年金、病気やケガをした際の医療保険、失業した際の失業保険、そして生活保護。社会保障は、国民が安心して生活する上では欠かせません。

そしてこれは、**支え合いの仕組み**であり、私たちが払った保険料や税金から支給されているわけです。しかし、高齢化が進む中で、年金も医療保険も、出る方が増えて、入る方が増えないという問題を抱えることになりました。

近年の傾向を見ますと、まず、年金や医療の保険料負担を上げています。そして、給付額はカットを行ってきました。そして、税に関しては、この30年で、儲かっている人が負担をする法人税や所得税は減らし、誰でも払わなければならない消費税を増やしてきました。

全体像を見ると、負担は一律増やし、給付は一律減らしている。困っている人を助ける社会保障が、その実、困っている人も同じように負担が増え給付が減るのですから、社会保障としての機能が希薄になっているのです。

そもそも、経済的な観点から見ても、GDPの6割にあたる消費にブレーキをかける消費税増税は、景気に強い悪影響を与えます。所得が上がることが分かっている時代の消費税増税なら何とか持ちこたえられるかもしれませんが、所得が頭打ちなのに消費税を上げていけば、消費は減り、景気は下降しと、負のスパイラルが続きます。この25年間で、夫婦と子供二人の世帯で比べても、可処分所得は大幅に減っています。

消費税率の高いヨーロッパ諸国は、主に60年代~70年代に消費税（付加価値税）を上げています。グローバル化が進み、所得が頭打ちになった90年代以降に、一生懸命消費税を上げようとしている国は、残念ながらなかなかありません。ここも時代認識がずれているのです。

社会保障機能の強化のためには、応能負担の原則に立ち戻った税や社会保障の改革を行わなければなりません。負担は、できる人は増やし、できない人は減らすということです。

負担できる人の負担を増やす例は、まず、法人税です。法人税は、この30年で税率をどんどん下げてきました。しかし、法人のお金の使い方は先に示したように、おおむね従業員の給与も設備投資も増やさず、税金を払った上で余ったお金で株主還元を増やし、残りは内部留保という形で積み上げています。その結果今、日本企業の内部留保は、史上最高の450兆円まで膨れ上がっています。それを国民全員に配ったら、一人375万円分にもなります。一人100万円の還元なら、130兆円切り崩せばできることです。法人税は利益への課税です。法人税が上がれば、税金を取られる対象の利益を減らし、従業員にお金を配ったり、投資をするインセンティブになります。それでも、余ったお金は、税金として国に納めてもらい、国が再分配のために有効に使う。「法人税を上げると他の国に企業が移ってしまう」というグローバリズムの発想をもとに、法人税はどんどん下げられてきたわけですが、実際に、税率が法人の海外移転のもっともな根拠となっている事例は、あまり見当たりません。

所得税に関しては、**給付付き税額控除の導入**を検討するべきです。給付付き税額控除とは、低所得者は、所得税ゼロではなく、逆に給付をもらえるという制度です。

また、現行税制では、年収1億円を超えると、税負担は下がっていきます。なぜなら、金融所得への課税率が低いからです。金融所得税は、税率を上げるか、他の所得と一緒に合算して所得税をかけ、多くの金融所得のある人には高い税率がかかるようにするべきです。

弱い者いじめにならない税制の実現を

消費税の現状には、多くの問題があります。消費者にとっては、低所得者ほど負担率が増える逆進性があることが今まで言われてきました。しかし、問題は、それだけではありません。

消費税を税務署に納税するのは事業者です。企業間取引においても、立場の弱い下請けの中小企業が消費税分をかぶっていることが長く問題になってきました。また、みなさんも個人商店で買い物をすると、「消費税分はおまけね」と言ってもらったことがあると思います。

広く薄く取るという消費税は、実際には、中小企業や小規模店舗が重く負担をしてきたのです。多くの方が気づかずに弱い者をいじめる。そんな税となっているのです。

また、近年は、複数税率の導入で、各事業者が膨大な事務を負担させられています。生産性向上をうたいながら、生産性の足を引っ張る税制改正が行われているわけです。

さらに複数税率とセットでインボイスの導入も決まり、現在消費税の納税を免除されている小規模事業者も今後納税することとなります。これらの事業者にとっては、消費税は0％から10％に一気に負担が増えるのです。

消費税増税での社会保障充実は、矛盾しているのです。消費税は弱い人たちに負担がかかる税だからです。社会保障のために税制改革をするのであれば、まず累進性の強化を図っていかなければなりません。

そう考えれば、巨大なグローバルデジタル企業への課税も当然逃すわけにはいきません。最近、「ＧＡＦＡ」という単語を新聞などでもよく見かけるようになりました。グーグル、アップル、フェイスブック、アマゾンという、米国発の巨大企業、グローバルデジタルプラットフォーマー4社の略称です。

彼らは、世界のネットショッピングやアプリ市場を抑えることで急成長してきました。わが国でも、スーパー、デパート、そして宅配網まで、ＧＡＦＡに仕事を奪われつつあります。

日本の既存企業が衰退していき、担税力が弱まる中で、これらＧＡＦＡに代表されるデジタルグローバル企業は、実はわが国に税をしっかり払っていません。世界中にネットワークを持っているので、売上を税率の低い国に付け替えることができるからです。これは、世界的に問題になっています。

さらに彼らは、圧倒的な力を持っているため、自社の従業員や、取引先企業、消費者にも強気の態度を取ることができます。将来ライバルになりそうなベンチャー企業を次々と買収することもできてしまいます。彼らを**適正に規制しなければ、わが国の富は、どんどん彼らに吸い上げられてしまいます。**

このデジタルプラットフォーマーを規制する法案が、２０２０年に国会を通りましたが、現状は、残念ながら弱腰です。米国企業に、日本政府が強く出られないのが現状です。しかし、これは、国益のためにもしっかり対応しなくてはなりません。

巨大デジタル企業への課税や規制は、米国が抵抗していますが、同じ問題意識を持つ欧州各国とも協力し、公正なルールを早急に築いていかなくてはなりません。

「原発ムラ」が見えにくいワケ

私の落選中の2013年の年末に、ある方から電話がありました。「もしかしたら、年明けの都知事選挙に、細川護熙元総理が出馬する。小泉純一郎元総理が応援団長をやる。たいへん盛り上がる選挙になるはずだ。手を貸して欲しい」。

政治に興味を持つきっかけとなった一人、細川護熙元総理の出馬は、私にとっては嬉しい限りでした。この都知事選挙で、私は、細川陣営の世田谷での責任者を引き受けました。

細川・小泉の二人の元総理は、立ち上がっただけでなく、「原発ゼロ」を訴えました。日本で一番の電力消費地である東京が変わることで、日本のエネルギー供給体制は大きく変わるという主張は、この選挙を特色づけました。

結果、細川さんは負けてしまい、自民党などの応援を受けた舛添要一知事が誕生しましたが、二人の元総理が立ち上がって訴えたことは、大きな意義があったと思っています。

日本の反原発運動は、核兵器だけでなく、核の平和利用にも反対する方々によって行われてきましたが、国民的に大きな広がりのある運動ではありませんでした。多くの人たちは、原発は必要悪のようなもので、コストも安いし、発電量も大きいし、わが国の経済と国民の生活のためには必要だと思っていました。私も、かつてはその一人でした。

しかし、2011年の原発事故は、認識を大きく変えました。ひとたび事故が起これば大変なことになるだけでなく、実は普段から大きなコストがかかっていることが明るみになりました。原発はなくても、国民の生活も経済も成り立つ。それを二人の老政治家が、真冬の選挙で、都民に訴えました。

近年は、税金や電気料金から、様々なお金が、原発立地の自治体の偉い人たちや原発を取り巻く工事業者、電力事業者などに渡り、それが利権になっていることも明るみになってきました。「原発ムラ」と言われる利権構造です。

東京電力福島第一原発の事故処理には、最終的にいくらお金がかかるのか分かりません。80兆円以上かかるという試算もあります。そのお金が捻出されるのは、私たちの払う電気料金からです。また、各種税金からも、事故処理のために「貸す」という名目などで、お金が流れています。しかし、その貸したお金がいつ返済されるのか、約束されていません。実質的には巨額のお金をあげることになるかもしれません。

私たちの電気料金は、これまでは送電線の整備などに使われてきました。最近は、原発の事故処理にお金を回すために、送電線の整備費用は削られています。その結果、大型台風が来る度に、鉄塔や電柱が倒れたり、大規模停電が起っています。

一方、自然エネルギーを普及させるためにも、新しい送電網の整備が不可欠です。しかし、送電網の整備費用は、原発に取られてしまっているので、新たに、「再生可能エネルギー発電促進賦課金」と明示されて、電気料金に上乗せされているのです。

つまり、**原発の費用は、裏に隠されている。**名目のはっきりしないお金が流れ込み、いくらかかっているのか見えづらいのです。ところが「再生可能エネルギー（再エネ）」の費用は、そのものの名称で賦課され、いくらかかっているか、あざとく見せられる。

このような不平等な仕組をわざと作っておいて、政府は、「再エネは、これだけ費用がかかっています。一方原発は安いです」と言っているわけです。

原発から自然エネルギーへ

今、原発の発電比率は全体の6％くらいで、自然エネルギーは17％くらいです。原発事故の前は、25％くらいを原子力に頼っていましたから、事故から9年経ち、たしかに原発依存からは脱しつつあります。しかし原発の費用は総額どのくらいなのかは、経済産業省が表に出さず、資料も出ないため、専門家でさえ正しく試算することができません。世界を見渡すと、昨今では自然エネルギーが一番安い電力になっているのです。

費用だけではありません。わが国はこの10年で、自然エネルギー分野で大きく後れをとっています。

一つ例を挙げれば、太陽光パネルの生産です。２００６年に世界の37％を生産し、シェア１位だった日本は、２０１８年には、たった１％のシェアです。「再エネは時期尚早で、原発の維持が必要だ」と国民に嘘の説明をし、再エネの頭を押さえているうちに、世界では、再生可能エネルギーの市場が急成長している。成長分野で、わが国はまた立ち遅れたのです。

残念ながら、政治家も経産省も企業経営者も、日本の産業の健全な発展のために働いているのではありません。エネルギー分野においても、利権を起点とした政官業の癒着が、イノベーションを阻害しているのです。

さらに、原発から出る膨大な高レベル放射性廃棄物の行先はありません。10万年、地下300メートル以上の、岩盤の動かない場所に保管をしなくてはならないわけですが、火山国であり地震大国である日本に、10万年岩盤が動かない広い土地があるのか、そして、土地が見付かったとしても、地元自治体の住民が、危険なその高レベル放射性廃棄物を受け入れることに同意するのかという高い壁があります。

そしてそもそも、10万年、どうやって保管するのか、詳細を決めていません。決めると、費用も確定してしまうからです。10万年分の保管料はいくらになりますか？　そもそもどうやって10万年管理するのですか？　ちなみに、10万年前は、まだ私たちの仲間である現生人類はいなく、ネアンデルタール人やクロマニヨン人が生活していた時代です。文字も通じません。10万年間コストをかけて厳正に保管するという不可能な約束を、日本のエネルギー行政や電力会社はしているわけです。

また、高レベル放射性廃棄物以外でも、原発は解体する際に放射性廃棄物が出ます。大きな主力の原発を1基解体するだけで、1万トンを超える放射性廃棄物が出ます。これらも数十年から10万年、地下深くに埋設し、管理をしなくてはなりません。これらを埋める場所の確保もまだできていません。わが国に50基以上の原発があります。計画し、建設した際の責任者がいなくなった後に、後世にこういう問題が押し付けられているわけです。調べれば調べるほど、正気の沙汰ではなく、**責任あるエネルギー政策**が行われているとは思えません。

先進国はすでに原発から手を引き始めています。もっと原発の割合を増やそうなどということは、そもそも不可能です。不可能な目標を立て、ずっと税金や電気料金を垂れ流す――そんな現政府の政策は、ストップするべきです。

付け加えれば、貿易収支だけでなく、地球温暖化の問題に本格的に対応するために、化石燃料の消費も大幅に減らさねばなりません。

例えば最近導入が進んでいるソーラーシェアリングは、農地の上に、収穫量にあまり影響を与えず細い太陽光パネルを敷くものです。これを日本の全農地に設置するだけで、日本で必要な電気の量をはるかに超え、原発に換算して１８９０基分もの発電量になると試算されています。

産業としても、自然エネルギーはまだまだ成長します。ヨーロッパで実現しつつある、自然エネルギー１００％社会を、わが国も目指すべきです。

生産性と社会コストを考える

日本は他の先進国と比べると、中小企業の割合が多いのが特徴です。雇用の7割は中小企業が担っています。

生産性を考えると、一般的には、規模が大きい事業者の方が小さい事業者よりも高い。したがって、日本は他の先進国と比べると、生産性が低いという特徴もあります。

そこで、安倍政権は「生産性革命」を起こすといって、生産性を上げる目標を高く掲げています。人口が減ると働く人の数も減るので、一人当たりの生産性を、日本全体で上げなくてはならないということです。

生産性を上げるにはどうすればいいか。まず考えられるのは、機械化、そしてＩＴ化です。しかし、残念ながら、日本のＩＴ投資は、この25年を振り返っても、ほとんど増えていません。ＩＴ化、ＩＴ化とかけ声はかけているにもかかわらず実態は伴っていません。世界経済のＩＴ化を主導している米国は、25年で約3倍にＩＴ投資を増やしています。

一方で日本政府が推進する、生産性向上の方策は、企業の大規模化です。零細企業を中小企業に、中小企業を中堅企業に、中堅企業を大企業に、そしてＭ＆Ａ（買収合併）なども、積極的に進めているわけです。

生産性向上を第一の目標に置き、その達成のために、企業の大規模化を後押ししていく。生産性の低い事業者は、申し訳ないけどと見捨てていく。その結果はどうでしょうか。地方は寂れ、人や物が東京に集まり、商店街のお店も、チェーン店に代わっていきました。

たしかに生産性は上がるのかもしれません。しかし、それで、社会は成り立つのでしょうか。各地域の個人商店や中小企業は、地域のために、街に街灯をつけたり、掃除をしたり、見回りをし、消防団に入り、お祭りに寄附をして、コミュニティを支えてきました。その支え手を政府はバサバサ切り始めているわけです。

このままでは、今まで各地域で半ばボランティアで支えていた方々がいなくなり、その方々がやっていた地域を支える仕事は、放ったらかしになるか、行政が担うことになります。小規模事業者や中小企業は、本業の生産性は低いかもしれませんが、**社会的コストを分担**しているわけです。

この実態を無視して、このまま事業者の大規模化を進め、小さい企業を見捨てていけば、日本社会のよさは失われていき、かつ行政のコストは上がっていくでしょう。生産性だけの物差しで測らない経済政策、産業政策が、本来は必要なのです。

多機能分散×水平指向×小規模経済圏

エネルギーの分野も、高度成長期の大規模集中型電源から、多機能分散型へと変わってきています。事故を起こした福島の原子力発電所は東北にあるのに、東北電力の発電所ではなく、東京電力の発電所です。地方に大規模な発電所を作り、太い動脈のような送電線で東京に電気を送ってきました。しかし、だんだんと自然エネルギーが普及してきたことで、自分たちの消費するエネルギーはその地域で発電する、太い動脈よりも毛細血管を張り巡らせたような、地産地消型に変わってきました。発電側も需要側もスマートメーターなどのＩＴ機器を使い始めたので、細かい調整ができるようになったのです。送電距離が短い方が、送電ロスも少なくなるので、電力消費量、発電量が少なくて済む。省エネにもつながるわけです。実際、震災以降、日本の電力消費量は1割ほど減っており、今後も減り続けることが予想されています。さらに電気自動車が普及すれば、余剰電力でそれらを充電し、車が蓄電池の役割を担えるので、より効率的に再エネを普及させることができます。エネルギー分野は、一極集中型から多機能分散型にシフトし始めています。

新型コロナの蔓延を機に、東京一極集中があらためて問われるようになりました。

飲食店も映画館や劇場も、席に余裕を持たせないといけなくなりました。面積当たりの売り上げは当然下がりますから、高価な地代の場所に人を密集させて稼ぐビジネスモデルは、通用しなくなっています。エネルギーだけでなく、人の動きも、一極集中型から多機能分散型に変えるべき時が来たのではないでしょうか。

感染予防のために、満員電車は避けなければいけません。ネットを使って在宅勤務をする方も増えました。会社員がたくさん住み、かつては昼間の人口が少なかった住宅地も、人が増えるのですから、地元の商店街にとってはチャンスです。

在宅勤務が増えれば、家族が一緒にいる時間が増えます。わざわざ都心に近い狭い家に住む必要もなくなります。人が分散すれば、大手企業も、わざわざ都心の一等地にオフィスを構える理由も減ります。やりようによっては、多機能分散化により、豊かな住まいや仕事の環境を築くことができます。

今、高度成長期に建てられた団地の建替えが問題になっています。何十年後のことまで考えていなかったので、どう建て直すか、各地で大きな問題になっています。都心に林立するタワーマンションは、これから数十年後、どうするのでしょうか。タワーマンション自体が、「今だけ」のもので、持続可能な発想があるとは言えません。

今の空き家問題のように、それらがボロボロの建物になって放置されれば、それに対する社会コストは計り知れません。

私たちはこれを機に、都市空間を持続可能にするべく、しっかりと考えていくべきです。中心に集まり縦長のビルを建てる垂直指向ではなく、横に広がり、低層で、土地をゆとりをもって使う水平指向に向かっていくべきです。

人口減少により、都内でも、空き家率は1割を超えました。高齢者も増えている中、都内の余っている土地も、有効に使うべき時代がやってきました。レンタル農地の形態をとった都市での農業などは、今でも人気ですが、これからさらに有望なのではと思います。

年金の支給額がどんどん減っていることが問題になっています。まず現金が必要なのは、住居費、食費、光熱費ではないでしょうか。それなら、土地も空き家も有効利用して住居費は安くし、小さな農地を活用して食費も下げ、太陽光パネルで光熱費を節約すれば、年金減少に対応した社会作りが可能ではないでしょうか。

要は、小規模な経済圏が必要なのです。誰もが豊かに生活ができるようにするには、何でもかんでも現金がないと生活できない経済から、現金がなくても生活できる経済に変えていくことが重要です。小規模な経済圏ができることで、現金収入の重要性は減ります。土地が余り始めている今なら、その政策を実行することができます。

一極集中型から多機能分散型に、垂直指向から水平指向に、大規模経済圏から小規模経済圏に。豊かで持続可能な世の中を実現するために、その転換を進める。それこそ政治の重要な仕事です。

12章　防衛と外交の考え方

「安保法制」の何が問題か

２０１５年に安倍政権の提出した「安保法制」は、国会、そして、国民世論を揺るがしました。その問題点について、述べておきたいと思います。

これまでも認められてきた個別的自衛権は、自国を守るために戦う権利で、新たに認めた集団的自衛権とは、自国への攻撃がなくとも他国を守るために戦争をすることのできる権利です。

私の当選前の２０１４年7月1日に、「国の存立を全うし、国民を守るための切れ目のない安全保障法制の整備について」と題する閣議決定がされました。これにより、それまでの「日本国憲法の下では集団的自衛権の行使はできない」としてきた解釈が変更されました。

そして、私の当選後、２０１５年5月15日に「平和安全法制整備法」が国会に提出されました。

その内訳は、10本の改正案を一括したもので、「武力攻撃事態法改正案」、「重要影響事態法案（周辺事態安全確保法を改正）」、「国連ＰＫＯ協力法改正案」、「自衛隊法改正案」、「船舶検査法改正案」、「米軍等行動円滑化法案（米軍行動円滑化法を改正）」、「海上輸送規制法改正案」、「捕虜取り扱い法改正案」、「特定公共施設利用法改正案」、「国家安全保障会議（ＮＳＣ）設置法改正案」と、新法「国際平和支援法案」です。

わが国を守るための法律の整備は絶対に必要です。しかし、この法案は問題だらけであり、一旦廃案にして、よりよいものを再検討して出すべきだと、私は当時考えました。

◉第一の問題点

ほとんどの憲法学者が、この法案は、**憲法違反**だと断じたことです。憲法は、最高法規であり、法律は、憲法に違反してはいけないのは基本です。

日本国憲法の柱、三大原則の一つが「平和主義」であり、9条は、戦争の放棄、戦力を持たないことを規定しています。では、なぜ、これまでも自衛隊が認められてきたのかといえば、憲法の前文にある、「平和のうちに生存する権利」や、13条の「生命、自由及び幸福追求に対する国民の権利」などから、必要最低限の自衛に関する戦力は持ってもいいと解釈されてきたのです。

万が一、わが国が攻撃された時の備えは必要であり、当然の解釈であると私も思います。

自分の国を守るための個別的自衛権は肯定し、一方、他国を守るために戦う集団的自衛権は、「平和主義」「戦争の放棄」の観点から、現行憲法下では認めてこなかったのがこれまででした。

今回は、憲法を変えてもいないのに、内閣が急に集団的自衛権も許されると言い始め、安保法制の提出となりました。戦後これだけ長い間、度々、憲法上認められないことを確認されてきた集団的自衛権を、一人の総理の判断で可能にしてしまう。総理大臣になったら憲法を無視してもいいという前例を作ってしまったことは重大な問題であると思います。

◉第二の問題点

そもそも集団的自衛権に踏み込むべきなのかという問題です。私は、極めて慎重になるべきであると考えています。

わが国は、戦後一貫して「平和主義」を掲げてきました。ほとんどの国が、第二次世界大戦以降も、戦争、紛争を続けてきたにもかかわらず、わが国は、この70年間、戦争を行ってきませんでした。

平和主義は、過去に300万人もの国民の命を奪ったわが国の政治指導者たちに対する戒めであるのと同時に、過去への反省として、世界に向けて平和主義を掲げてきたことは、国民に色々なメリットをもたらすこととなりました。米軍基地の受け入れなど、米軍の活動を経済的に支援する代わりに、わが国の防衛の一部を担ってもらうことにより、自衛隊を対外的に派遣することなく、国際社会と関わることができました。

軍事より、世界の人々の生活優先を旗印に、他の先進国と仲の悪かったイスラム諸国とも友好関係を築くこともでき、日本の経済は大きく発展しました。

米国を守る集団的自衛権に安易に踏み込めば、例えば、ホルムズ海峡の機雷掃海を約束しているように、米国と仲の悪いイランが戦争を始めれば、日本もイランとの戦争を始めざるをえず、わが国の外交の独立性は著しく損なわれます。

政府は、米軍との一体化、集団的自衛権に踏み出しても、米軍の戦争を断ることもできると強弁していますが、わが国の各地に、米軍の基地はすでにあり、軍隊が駐留しています。そんな国に対して、発言権などそうはないのが残念ながら現状です。

そして、集団的自衛権に踏み込まなければ、米国は日本を助けてくれないという意見もありますが、集団的自衛権に踏み込んでも、米国が日本を守るかどうかは、米国の主体的な判断に委ねられます。北大西洋条約機構（NATO）に加盟していれば、自動的に集団的自衛権が発動され、米軍は出動しますが、日米安保条約の場合は、大統領の判断に加え、上院、下院の議会の承認がいります。現状、米国は、「行動」は約束しているが、日本を助けるための「軍事行動」を約束しているわけではないのです。

また、現政府が想定している潜在的脅威は中国でしょうが、トランプ政権以前は、中国と米国も、軍事的な協力関係を強めてきていました。米中の経済的な関係も深まり、中国は、米国に対して、世界で二番目の額のお金を貸しています。また、中国の軍事力は、年々強大化しています。その中で、米国は、もしもの時に日本のために、必ず中国と戦ってくれるのでしょうか。

◉第三の問題点

三つめは**防衛の独立性**の問題です。

地球の裏側まで、米軍の後方支援を行うとすれば、わが国の「独立した指揮権」は維持されるのでしょうか。米軍との一体化が深まるにつれ、だんだんと自衛隊の米軍に対する独立性、日本の防衛の独立性は損なわれるでしょう。

◉第四の問題点

財政上の問題があります。

今、自衛隊は、陸海空共に、わが国の領土領海を守るために配備されています。地球の裏側まで自衛隊が出動することになれば、隊員も艦船も足りなくなります。防衛費は自衛隊の活動範囲の広がりと共に、増やしていかなければなりません。

米国は、世界への軍事的影響力をなるべく維持しながら、防衛費はできるだけ減らしたいと考えています。米軍の世界展開の負担軽減のため、日本の負担を増やすことをますます要求してくるでしょう。

◉第五の問題点

自衛隊自体が変質する問題も生まれます。

自衛隊は、わが国の領土領海、国民を守るために創設され、そのための訓練を受けています。その時の政治家の判断により任務が変わるということになれば、自衛隊の士気は大きく変わることとなるでしょう。

自衛とは自国を守ること

問題点に加え、足りない部分も指摘しておきます。今回の安保法制には、領海警備に関する法案は含まれていませんでした。現政府が中国の脅威を強調するなら、中国から直接的な脅威にさらされているのは、尖閣諸島はじめ、沖縄の島々です。ここを守るための法整備なしに、なぜ、地球の裏側まで自衛隊を派遣することが重要だと言っているのでしょうか。集団的自衛権に踏み込む前に、個別的自衛権の整備、強化を考えることが先であるべきです。

従来の個別的自衛権の範囲ではカバーできない分野も出てくるかもしれません。そういった分野は、個別的自衛権の範囲を少し再定義する必要もあります。あくまで、個別的自衛権の範囲内で、わが国の領土領海、国民を守る法は適宜整備していくことは、常に考えていく必要はあるでしょう。

本来、集団的自衛権を認めたいのであれば、憲法改正の手続きをきっちり踏まなくてはなりません。衆議院、参議院共に、国会議員の3分の2の賛同を得て、更に、国民投票でも過半数を達しなくてはなりません。そこまで、国民が納得するのであれば、集団的自衛権も認めざるをえません。しかし、この2015年の世論調査では、国民の半数以上は、安保法制を認めていませんでした。

国民が認めてくれないので、憲法の解釈を変え、多数を占める与党を使って多数決で決める。それはずるいやり方で、大変危険です。かつて、世界で最も進んでいたワイマール憲法下で、選挙、憲法の条項停止、新法の成立などを経て、ドイツの権力が暴走をし、世界に大きな惨禍をもたらし、ドイツ国民を破滅に導きました。このような歴史も、私たちは、忘れてはなりません。政府の暴走に、国民は厳しく対処するべきです。

「安保法制」が審議されている頃、多くの有権者と意見の交換もしましたが、「安保法制」賛成派は戦争をしたい人。反対派は、自衛隊も否定し、非武装を訴えている人と、極端な論戦だと考えている有権者が多かったのが印象的でした。これは、これまで、特に55年体制下では、現実的な安全保障論について国会で話し合われなかったことの弊害ではないかと考えています。

軍隊のない世の中と、いる世の中のどちらがいいかといえば、いない世の中の方がいい。これは、多くの人の賛同する理想です。しかし、現実には、**軍隊のいらない世界をどう創っていくかという努力**をしていかなくてはならないのであり、現実の妥結点を決めるのが、「安保法制」の議論でした。自衛隊の存在については、すでに自衛隊法などで定められています。その中で、自衛隊の出動する判断基準をどうするのかという議論は、深く進めていかなくてはなりません。

私は、日本の主権、立憲主義、民主主義の観点などから、過度に米国と一体化することは避けるべきと考え、その観点から、今回の安保法制には反対しました。今後も安保法制のあり方を考え、提起していきたいと思います。

この法律は、米国の関係者たちがびっくりしたほど、米国のために人命もお金も提供する内容です。なぜ、自民党内から異論が出なかったのでしょうか。

自民党議員、特に幹部の多くが、親のコネを頼ってきた世襲であり、親の人脈や業界団体など、強いものにゴマをすることに、あまりにも慣れてきてしまったからではないかとしか思えません。

外交は、今までの彼らの人生のように、強いものにゴマをすっても、国益は守れません。

日本の独立性を弱めるような、この法律が、なぜ、「保守」なのか。自民党という政党の変質が始まっていることを切に感じてなりません。

米国は、世界の中で、一番、協力するべき国です。しかし、日本人的な気遣いから、米国と敵対する国と、わざわざ敵対する必要はありません。米国の敵対国とのパイプがあれば、米国を助けることもできます。

わが国の外交防衛の独立性が損なわれると、日本のためにならないだけでなく、米国のためにもなりません。私たちは、そのことを忘れてはなりません。

〝安倍外交〟のマヤカシ

沖縄で度々、米軍機の事故が起こります。その度に、政府はどのような対応を取ってきたでしょうか。米軍基地にまつわる他の様々な問題もしかりです。駐留している米軍に何も言えない。この国の主権を政府はしっかり守ろうとしているのか、その姿勢に度々疑問を感じます。

核の問題もしかりです。安倍総理は、オバマ大統領が広島を訪れ、核なき世界を提唱すればそれに賛同し、トランプ大統領が、その方針を180度変え、核は使いやすくするんだと宣言したら、それにも無条件に賛同する。この国の主体性はどこへ行ったのかと思います。

米国からの巨額の防衛装備品の調達のあり方も、その不透明さや金額の妥当性を、会計検査院からも指摘をされています。

安倍総理は、米国大統領と頻繁に握手をするだけではありません。「外交の安倍」ということで、ロシアのプーチン大統領のもとにも足しげく通っています。プーチン大統領に会うために、20回以上ロシアを訪問し、一方、日本に来てもらったのは1回で、しかもプーチンさんは大遅刻でした。普通、外交では、対等な関係であれば、交互に訪問し合います。

ロシアとは、北方領土の問題があり、平和条約が結ばれていません。したがって、平和条約の締結は、教科書にも載るであろう歴史的な偉業となります。そこで、安倍総理はプーチンが来日した2016年12月には、8項目の「日ロ経済協力プラン」を提案し、締結しました。経済協力と言っても、内容は、ほぼ、日本の企業がロシアの特に極東にお金を出すというプランです。日本側からの投融資は3000億円と過去最大規模です。北方領土における「共同経済活動」も発表されました。

ロシアの東アジア側、極東地方は、人口がどんどん減ってます。それは、防衛上の観点からも、国家的な問題となっていました。困っている中、日本が、わざわざ国境の街にお金を出して、雇用を作ることを始めているのです。その結果、次々と、北方領土に駐留するロシア軍の増強も発表されています。何のために、わが国はお金を出しているのか、意味が分かりません。

そして、極めつけは、日本政府は2019年版の外交青書で、北方四島が「日本に帰属する」という記載までなくしてしまいました。自国の領土の主権を主張しなくなってしまったのです。

私は、これが、「外交の安倍」の本質だと思っています。これだけ相手国に都合のいいことをすれば、笑顔で握手をしてくれます。そして、その大国の指導者との握手が新聞やニュースで取り上げられ、外交が上手くいっていると宣伝ができます。外交がうまくいっていると信じられれば、支持率は上がります。しかし、本気で国境を接する国と外交をすれば、笑顔で握手ばかりとはいきません。両首脳とも、苦渋の選択をすることもあるのです。こんな虚栄のために、多額の資金が使われ、領土問題までも譲ってしまっていいのでしょうか。

新聞を読んでいて、ある小さな記事が私の目に留まりました。北方領土の一つ、色丹島に、米国の企業が発電所を建設するにあたり、ロシアの極東サハリン州に許可を申請したとのことです。日本の同盟国である米国の企業も、北方四島の主権が日本にあることを認めていない。それに対して、わが国は強く言えない。これが、安倍政権の自国の主権に対する姿勢なのです。日本との共同経済活動の合意も受け、海外企業は、北方領土への投資を加速し、ロシアはそれら投資を積極的に受け入れ、雇用を順調に増やしています。

人権を尊重し、主権を守る

２０２０年に入り、香港が揺れています。香港の問題に口を出すことは、内政干渉だと言う人もいますが、人権問題に対する発信は内政干渉に当たらないというのは、国際社会の常識です。しかしながら、多くの人々の人権を揺るがしている香港問題を前に、現政府は中国に対して何も言わない。

そして、今回の新型コロナウイルス感染症の中国での蔓延を前にしても、中国政府に気を遣い、中国からの人の流入に手を打たず、わが国に感染の第一波をもたらしました。

国民を守るために、政府は迅速な対応をする。自由な国際社会の維持のために、わが国が毅然とした態度を取る。この基本さえできていない今の現状に、私は危惧をしています。

外交防衛を考える上で忘れてならないのが、わが国の主権をしっかり守るということです。自国の主権を弱めるようなことを政府が見過ごせば、この国の方向性を、政府も、そして国民も自分たちで決めることができなくなってしまいます。主権は、手を抜けば、簡単に弱まってしまいます。

例えば、わが国の外交防衛の根幹である日米安保条約のもとで結ばれている個別の取り決め、地位協定を詳しく見る限り、これは独立国家なのかと思う項目がたくさん出てきます。また、地位協定にさえも規定されていないのに、米軍に許可を与えてしまっている項目も多々見えてきます。

主権を守ることに、もっと日本の政治家は、敏感になり、そして、体を張るべきです。

大国の狭間で翻弄されているアジアの近隣諸国は、まだまだ連携の余地があります。また、大きな力を持つヨーロッパ諸国も、わが国と多くの価値観を共有し、米、中、ロの伸張から自分たちを守ろうと試行錯誤を続けています。ヨーロッパ諸国とも、大いに戦略的な関係を築くべきであると、私は考えています。

13章

民意と官意

「民権」の歴史

私は、行政改革を重視する政党に、長く所属してきました。立憲民主党は、そこまで行政改革を打ち出してはいませんが、みんなの党、結いの党、維新の党、民進党は、はっきりと行政改革を柱に掲げていました。

なぜ、行政改革が重要だと考えているか。それは、明治維新以降の150年に渡る日本の政治は、「民意」を重視している政治家と、「官意」を重視している政治家の戦いであったと考えているからです。今も、安倍政権を正す勢力を結集する軸は、「民権の伸長」であるべきだと考えています。

薩摩藩、長州藩、土佐藩などが協力し江戸幕府を倒してできた明治政府は、すぐには、国会を開設しませんでした。まず、薩摩の大久保利通や長州の山形有朋らによって、官僚組織が作られ、その官僚組織が国を動かしました。

一方、官僚の力だけでなく、民意でも政府を動かせるようにするべきであるということで、土佐の板垣退助らの自由民権運動は盛り上がり、その声は無視できなくなりました。ついに１８９０（明治23）年に国会は開設されました。当初はお金持ちの男性しか権利は与えられませんでしたが、選挙も行われるようになりました。

しかし、当時の総理大臣は、まだまだ民意を反映して政治をすることはできませんでした。明治政府を作った薩長土肥出身の元勲（明治維新で活躍した政治家）が影響力を持ち、その影響下にある子分の議員に内閣を組織させていたのです。

もっと民意を反映すべきということで、大正デモクラシーなども起きました。しかし、その反動で、昭和の初めには、官僚・軍部の力が強くなり、１９４０（昭和15）年には大政翼賛会ができて、政党は事実上国会から無くなりました。一方、その中での選挙でも、無所属で、大政翼賛会の候補と戦って、国会にのぼった議員もいました。

官僚機構、国家機構に対して、民意を反映させようとする政党人の戦いが、明治以降、昭和初期までの政治の歴史でした。

１９５５年、自由民主党が結成され、そこから40年近く、自民党が政権を担うこととなりました。その40年で、自由民主党と官僚組織は一体化してしまい、自民党は、政党でありながら、「民意」よりも「官意」を優先するようになってしまいました。

１９９０年代以降は2度、野党に政権が渡っていますが、政治に民意が反映されない、不健全なこの状況を抜本的に是正することができないまま、２０１２年以降は自民党が圧勝し続け、消費税増税、秘密保護法、集団的自衛権に関する解釈改憲、共謀罪など、より「官意」を反映させる政策が次々と実行されています。

消費税増税により、庶民のお金は国家に吸い取られていきます。秘密保護法は、国民に知らせない秘密の範囲も、官僚が決めることができます。集団的自衛権の解釈改憲により何が憲法違反なのかも、官僚が決めることができてしまうようになりました。共謀罪で何が罪かも官僚が決められるように。

お金も情報も権力も、国家機構、官僚機構がより自由に使えるようになるという、過去の民権派の政治家たちが見たら悲しむようなことが、この数年国会では行われています。

議会は、国家（行政）がしっかりと仕事をしているのかをチェックするためにもあります。国家と国会が一心同体では、チェック機能は働きません。「官意」よりも、「民意」を代表する**「民権勢力」の結集**をしていかなくてはなりません。

「官権政治」は責任を取らない

民権派は、自由や民主主義を重視し、官権派はエリート官僚により国民を統制する力を重視します。官の暴走の最たるものが、先の戦争でした。

70年以上前、政府の決断により、３００万人以上の国民が命を落としました。日本の政治指導者たちは、その反省は必ずしなくてはなりません。

軍部という官僚機構の暴走。そして、それを本気で止めることなく、流されていった政治家たち。同じような間違いは繰り返してはなりません。しかし、その反省をしっかりしたのかは、歴史を紐解くと疑問です。指導者たちの責任は、いつの間にか、「一億総懺悔」という言葉になり、国民に責任が押し付けられました。

同じような問題を私は最近国会で見ました。**原発事故の責任**です。原発は、戦後、政府主導で進められてきました。しかし、事故が起こった後、責任を押し付けられたのは電力会社です。また政府は国民に対しても、国民も原発の恩恵を受けてきた（から責任がある）と言い始めています。

原子力行政を進めてきた官僚も政治家も一人も責任を取っていません。経産省の過去の重役たちも少しは責任を追うべきだという私の国会での問いかけに対し、世耕経産大臣は、二度と事故を起こさないことを誓うことで責任を負っている。処分も検証も必要ないと答弁しています。

官権政治は、責任を取りません。民権政治は、有権者が、託した為政者に最終責任を取らせるのです。

戦前の指導層の暴走を制御するために、戦後の民主主義は始まりました。一部の人たちに国の舵取りを任せることなく、全ての成人が投票できる選挙制度。自分たちのことは自分たちで決める地方自治制度。やる気のある人は財産に関係なく誰でも立候補できる制度。

しかし、この戦後民主主義は、いまだ十分に機能するには至っていません。そういう意味で、戦後の日本国憲法の精神は、この国に根付いているとは言えません。

官権政治の暴走にチェック機能を働かせる。そんな民権勢力の伸長が、今、求められています。

投票する民意

人口減少社会に入って久しいわが国は、数が減る中で、一人ひとりがより活躍することが望まれます。しかし政治の世界を始め、あらゆる分野で有能なリーダーの不在、人材の不在が続いています。これを脱却するためには、日本社会の人材の登用のあり方を考えていく必要があるのではないかと思います。

世界史に目を向けると、古代ローマ帝国では、五賢帝と呼ばれる時代がありました。五代続けて有能な皇帝が国を治めた、全盛期です。しかし五代続いたといっても、この五人の中に、世襲で実子が皇帝を継いだ人は誰もいません。有能な人材を跡取りに抜擢し、養子に入れたのです。

わが国でも、封建制度の下の江戸時代でさえ、商人は、見込んだ番頭を婿として迎えて跡を継がせたり、また長子に相続させた場合も、経営の実権は実力ある番頭に握らせたりしました。

厳しい競争の中で生き残り発展した組織はみな人材の登用の仕方を工夫し、各分野のリーダーを育ててきたのです。

失われた20年における、日本の政治の世襲化、質の劣化は、目に余るものです。そして、親の年収で子供の学歴まで決まってしまう日本社会の現状等、あらゆる分野で、機会の均等が失われてきています。

この国の未来を切り開くには、各分野で、人材の登用の仕方を変え、意志を持つ誰もが活躍できる社会を創っていかなければならないことは確かです。

一部のエリートたち、家柄のいい人たちに政治を丸投げしてしまっていることが、日本の多くの問題の根源になっています。これを改めていくためには、民主主義をより根付かせること、**民権政治をより根付かせる**ことが重要です。それには、私たち国民一人ひとりの意識と行動も、少しずつ強くしていかなくてはなりません。

前回の衆議院選挙中、演説している際にある女性から話しかけられました。「娘が18歳になって選挙権をもらって、落合さんに投票したいって言うんです。お母さん、一緒に選挙に行こうと言われて……でも、私、1回も選挙に行ったことないのよ。今さら、どうやってで投票すればいいのか、恥ずかしくて聞けないの」。

例えば、カンボジアの選挙などは、投票の仕方が絵で示されています。しかし、わが国では、投票の仕方について、文章でもイラストでも動画でも、役所は説明はしていません。YouTube の動画でも、四コマ漫画でもいいので、投票の仕方を誰にでも分かるように説明するべきです。投票の仕方を知っていることは、当たり前ではないのです。残念ながら、今、投票率が低いのは、若者だけではありません。

選挙に疎いのは、先の女性だけではありません。学生や生徒とのシンポジウムに、各党の若い政治家が招かれることがあります。そこで、「政治に関心を持った方がいい」とか「投票に行った方がいい」という話題が出るわけですが、よく話を聞くと、「誰に投票していいか分からないから選挙に行かない」「自分が変な人に投票してしまったらいけないと思って選挙に行かない」という声が多い。要は、決められず、決めたことに責任を持つ自信もない。それで選挙権を放棄するのです。

そもそも、世の中には絶対的な正解はありません。何が正解かは自分で考えなければならないし、世の中というのは、みんなで話し合って、なんとか正解が決められていきます。もしくは場合によっては、誰かが勝手に正解を決めることもあるのです。

生きていく上で、そして、よりよい社会を築いていく上で、自分なりに正解を判断して決めることは重要な作業です。その「自分なりの正解」も、失敗を繰り返しながら試行錯誤を経ないと、よりよい答えにたどり着きません。

生きる上での基本的な、このプロセスにあたって、若者たちが思い悩んでいるのです。18歳になったら急にできることではなく、基本的な「考える」作業を、多くの人たちはしてこなかったのです。

よく考えると、学校のテストは基本的に○と×しかありません。幼い頃から、私たちは、その○×に慣れすぎたのではないでしょうか。しかし人生の多くの場面は、○と×にはっきり別れることなどありません。むしろ△ばかりで、こっちの△は○に近いかなとか、×に近いかなとか、曖昧なものを判断して日々生きているわけです。選挙も同じです。悪い人か善い人かのどちらかを選ぶ選挙などなく、長所も短所もある生身の人間を選ぶわけです。

この延長線上の話として、「まだ判断できない私たち18歳に選挙権はいらない。大人に選んでほしい」という意見も出るのですが、大人が若者より正しい判断ができるのでしょうか。若者の直観の方が正しい場合も多々ありますし、世の中が八方ふさがりになった際、若者の蜂起が状況を打開したことも、歴史上多々あったのです。

また、「若者は選挙に行かず、お年寄りは選挙に行く」「都会の人は選挙に行かず、地方の人は選挙に行く」という先入観も耳にします。しかし、実情は変わってきました。70代以上の投票率がどんどん下がっているだけでなく、地方の選挙区の投票率も大きく下がっているのです。その原因の一つは、投票所の減少です。

選挙実施には費用がかかります。手間もかかります。投票所の設置は、自治体の責任で行われます。地方を中心に、資金的な問題や人繰りの問題で、投票所を維持することができなくなり、設置数をどんどん縮小しているのです。

また、海外在住の方々が増えていますが、その投票率は2％ほどでしかありません。

こういった現状を考えると、どこに住んでいても投票できるよう、選挙の**インターネット投票の導入**は、喫緊の検討課題であると思います。技術的な問題もありますが、エストニアなどはもう始めています。私はこの分野の議員立法もすでに作っているのですが、まだ党内の賛同も集められてはいません。技術の進歩も待ちつつ、これも国民的理解を得ていきたいと思っています。

立候補する民意

投票できる選挙権の年齢は18歳に引き下げられました。しかし、立候補できる被選挙権の年齢は、変わっていません。知事や参議院議員は30歳から、それ以外は25歳からです。実は、被選挙権年齢が日本より高い国は世界にそれほどありません。国会図書館に調査をしてもらったところ、世界１９５か国のうち、日本よりも被選挙権年齢が高い国は、11か国しかありませんでした。10代で立候補できる国も多くあります。

私は、**「投票に行こう」しか教えてこなかった日本の教育は、「選挙に出よう」に変えるべき**だと思っています。「投票に行こう」だけでは、選ばれる側も自分たちと同じ国民なんだという当たり前のことが感覚的に分かりません。選ばれる側の政治家は、誰か自分たちとは違う存在であると思ってしまいます。だから政治が他人事になってしまいます。自分の友人や家族が立候補するようになれば、選挙は他人事ではなくなります。選挙を他人事にしていることが、世の中のためにならないような政治家も選挙で落選することなく、野放しにしてしまっていることにつながっています。私は、選挙権年齢と被選挙権年齢は同じにするべきだと考えています。

立候補には、制度の支援も必要です。産休や育児休暇制度は少しずつ世に広まってきました。私は、**「立候補休暇制度」**も創設するべきだと考え、議員立法もすでに作り、国会に提出しています。

欧米の事例にも、立候補休暇制度はありません。というのもそもそも、欧米では会社の休暇が簡単に取れますし、立候補も身近なことだからです。しかし、日本の働き方の仕組みでは、立候補のために長期休暇を取れる制度がなければ、ビジネスパーソンの立候補は現実的には無理でしょう。会社を辞めなければなりません。これまで、立候補の意志はありながら、直前になって家族の反対にあい取りやめる例も、残念ながら多くありました。

立候補休暇制度の導入が、政治家の人材難を解消する手段の一つになると、私は考えています。

供託金制度についても、考えがあります。衆議院選挙に出るのには、比例も入れると供託金が６００万円かかります。他の選挙にも供託金制度があり、立候補する際に、決められたお金を事前に納めなくてはなりません。ちなみに、政令市の市議選は50万円、区議選は30万円です。

普通の家庭の人が立候補するにあたり、活動資金とは別に、供託金もそろえなくてはならないことは大変なことです。私も、毎度、供託金は親族から借りています。この供託金の金額を引き下げるべきだという意見は、多くの方からいただきます。

この問題は、そう単純なものではありません。供託金は、一定の得票をすれば返ってきます。そして一定の得票をした人は逆に、「公費負担制度」を受けることができます。公費負担制度とは、ポスター代など選挙運動にかかった費用の一部を、公費で負担する仕組みです。その際、公費で負担される金額は、供託金の高い選挙ほど高い。お金はないが票は一定以上取れる候補者には有益な制度です。

理想は、供託金が低く、公費負担額が高い仕組みです。しかし、これは、今までの選挙の仕組みを根本的に変えることになるので、なかなか立法するのも難しい状況です。これも、実現のため、詳細を詰め、そして国民の理解を得ていかなければならないと考えています。

民意の根底は教育

民権政治を根付かせるには、そのための教育が大切です。政治の世界に入ってから、私はまだ、教育分野に深く足を踏み入れていません。これからの政治家人生の中で、より深く、日本の教育がどうあるべきかを考えたいと思っています。

今のところ私が痛感するのは、先ほど述べた「正解は○か×か」の弊害です。「世の中に完璧なものはないよ。それを前提に、自分の進路を決めたり、人と接したり、日々の生活をした方がいいよ」。機会があるごとに、若者にはそう言っています。

また、学生の進路相談もよく受けます。どの学部に行くべきか、どの部活に入るべきか、どの会社に行き、何の仕事をするべきか。気になるのは、若者たちが自分の得意なことよりも、苦手なことを心配していることです。

ある野球選手が言っていました。「苦手の球を打つことに気を取られると、どんな球も打てなくなる」。そもそも、苦手の克服には時間がかかります。またおそらく、克服できたとしても「普通」にしかなれないでしょう。**得意分野を伸ばせ**ば、短時間でもっと伸びるわけですし、他人にできないことができるようになれば、その能力は社会の役にも立ちます。

人は誰でも得意分野があるはずです。些細なことでもいいのです。その得意分野を伸ばそうと意識する。得意分野を伸ばすことに時間を使う。そうすることで、将来が開けていくのではと思います。

時あたかも新型コロナウイルス感染症の蔓延で、突然の「学校閉鎖」が行われました。そして今、徐々に授業再開のための試行錯誤が続けられています。学校教育もこれを機に、あるべき姿に一歩でも二歩でも近づけることが重要だと思います。私が考えるあるべき教育とは、**少人数学級とＩＣＴ（情報通信技術）教育**です。

昔ながらの多人数教育は、○×の画一的な教育になりがちです。一人ひとりに考えさせるには、一学級あたりの生徒数を減らさなければなりません。そのためには、国の教育支出は増やさなければなりません。

「借金を返すために支出を減らせ」と言っているうちに、国の教育支出額は減少し、主要国の中で最下位レベルになってしまいました。公的な教育費が少ないので、自費で賄える家庭の子供が高い学力をつける結果となり、東大に入る子供の家庭の年収分布が、他の大学のその平均よりも高い状況が続いています。これでは、格差は固定化され、生まれながらに子供の将来が決まり、人材が十分に活用されない社会になってしまいます。そうなると、社会に活力が生まれません。政府の教育費削減方針は、もう転換しなければなりません。

また、ＩＴ機器を使った教育の導入も、以前から言われてきたにもかかわらず、なかなか進みませんでした。しかし今回、感染症を避けるための遠隔授業などにより、やっと前進し始め、タブレットの配布などが始まりました。これからの社会で働くには、ＩＴ機器を使いこなすのは必須です。この禍を転じて福となすべく、日本の教育もいい方向に進むように、私も考えを深めてゆくつもりです。

14章　分断から包摂へ

ネット文化を善用する

歴史上、政治家が自身の支持層を固めるために、世論を「分断」させてきた例は枚挙に暇がありません。現在では、同じ意見の人間が集まりやすいＳＮＳの普及により、有権者を「分断」することはより容易になりました。

各国の選挙を見てみますと、両極端の主張が勢いを得て、それまでその国をまとめてきた中道的な政治勢力は、勢いを失っています。意見が両極に別れ、票もいずれかに偏る選挙結果は、社会をいっそう分断に追い込み、各国の政治は両極の狭間で迷走しています。

わが国では、同質性や、同調圧力の強さから、他者との違いを認識したり、自分自身の意見を言うことの重要性が長く唱えられてきました。ＳＮＳの普及により、匿名で意見が発信できるようになったことで、一人ひとりが意思を表明しやすい環境は、ネットの中で築かれつつあります。

これからの**課題は、意見を表明した後、どうまとめるか**です。日本人は多様な意見をまとめることに慣れていません。現状のようにＳＮＳ上で、他人との違いや極端な意見を強調し続けるだけでは、一人ひとりの関係が保てません。ましてや社会全体となると、まとまることが困難です。

ネットの普及により、世界は一つになれるという希望を持ちました。しかし実際には、世界を仮想空間でつなげただけです。ネットという道具は、使いようによって、世界の分断をより深めもするのです。

ネットを使えるようになった私たちの次のステップは、その善用に取り組むことです。どのように多様な意見を、多様性を維持したまま、よい方向にまとめていくか。そういう使い方を模索する段階にきてるのです。

私たち一人ひとりの情報発信は、間違いなく世界に影響を与えます。だからこそ、「分断」から「包摂」へ。政治家は率先してそれに努め、ネットユーザー一人ひとりの認識と行動も問われています。ネットの使い方にもう一工夫加えないと、現在の各国の分断の政治、国民同士の世論の分断は、改善されません。ここでもやはり、試行錯誤しながら、よい方向を模索しなければなりません。

「中庸」と「中道政治」

私は、「両極」の政治的意見の**対立を包摂する「中道」政治**が勢いをつけなければ、次の時代の幕が開かないと考えています。

わが国でも高度成長期の前、1950~60年代などは、やはり右と左に世論が大きく割れていました。それを一つに何とかまとめようとしてきたのが、保守政党の中でもリベラルな考えを持った政治家たちでした。自民党の派閥でいう宏池会の方々などです。宏池会はその創立者池田勇人ほか4人の総理大臣を輩出し、私が師匠と慕ってきた田中秀征さんも宏池会の出身です。分断した国論をまとめる政策をとってきたので、「保守本流」とも言われた派閥でした。今、その名門派閥を継いでいるのが岸田文雄さんです。しかしながら、保守本流の政治の要諦は、ほとんど引き継がれていません。

世論を大きく分断した安保法制の審議の際、岸田さんは外務大臣でした。私は国会で、岸田大臣に質問しました。「私は、宏池会出身の方から薫陶を受けてきた。世論をまとめることに苦心してきた宏池会のトップが、この割れた世論の片方の肩を先頭切って担いでいるのは、この国のためになるのか。宏池会はこういう時こそ、事態をまとめるべきなのでは」と。岸田さんの答弁は、「現実の中のバランスをとって真ん中を取るのが保守本流の考え方であり、宏池会の考え方だ。この法案は現実を鑑みてバランスをとっている」。

バランスをとって真ん中をとる。こんな、意見や信念のない、どっちつかずの安易な政治が、「保守本流」の政治家たちのやってきたことなのでしょうか。

右でもない左でもない「中道」と似た言葉に、「中庸」があります。「中庸」を辞書で調べると、極端を排することと、バランスを取ることというようなことが書いてあり、やはり岸田さんの答弁と同じような記載です。

しかし、政治家や思想家の歩んできた「中庸」は、そんな単純なものではありません。「中庸」とは本来、政治的妥協でも中間点を取ることでもありません。目の前のしっくりこない**選択肢を昇華させて、違う次元に答えを見出す。**いわば政治的な職人技を駆使するのが「中庸」であり、その実現が「中道政治」の本質であると私は考えています。

今、世界でも日本でも、世論調査をとると右と左に大きく割れてしまいます。それをまとめる努力を、世界中の政治家たちは、怠っているのではないでしょうか。

ここしばらくの選挙を見ると、投票に行くのは有権者の半分ほど。そのうち5割の票を取れば、過半数を得ることができます。つまり、世論の4分の1を固めれば、国会で過半数を取ることができてしまうのです。そのため、国民全体を見るのではなく、4分の1の票をまとめることばかりに躍起になっている。それが現状なのです。

4分の1の意見だけを聞いて、国民が幸せになる政治と言えるでしょうか。いい世の中を作れるのでしょうか。分断された世論に一つの新しい方向を示す「中道政治」こそ、政治を前進させることができる。私もその推進力の一つになりたいと考えています。

3400年続く〝鉄パラダイム〟を超えて

2017年秋、私は、初めてニュージーランドを訪れました。その歴史を見るうちに、あらためて気づいたことがあります。ニュージーランドには、西洋人が訪れるまで、鉄器がなかったのです。西洋人との武器の差は歴然としており、その結果、ニュージーランドはごく少数の西洋人に支配されることとなりました。学生時代にまわった南米の遺跡も思い出されます。南米の歴史も同じです。鉄は大きなインパクトで世界史を動かしたのです。

それを考えると、紀元前１４００年頃にヒッタイト（今のトルコあたりに起こった王国）が人類で最初に鉄器文化を築いたことは、世界史の大きな分岐点でした。石器と違い、鉄器は、世界同時多発的には生まれませんでした。ユーラシア大陸以外では、アメリカにしても、オセアニアにしても、３０００年近く後の大航海時代まで、製鉄技術は伝わらなかったのです。鉄器技術のない地域は、征服されることとなりました。

鉄の技術が確立し、強力な軍事力が生まれたことで、広大な土地を支配することが可能となり、強大な国家が生まれました。鉄を使うことで、物も人も遠くに運ぶことも可能になりました。今に至る経済社会は、鉄と共に発展したと言っても過言ではないでしょう。

多くの宗教が、鉄器文化の確立後に生まれました。普遍的に広まった世界三大宗教も、そこに含まれます。キリスト教のプロテスタントを例にとれば、マックス・ウエーバーが『プロテスタンティズムの倫理と資本主義の精神』で述べたように、信仰が一人ひとりの生き方に大きな影響を与え、それが資本の蓄積を促し、金融の発展を加速させ、そして産業革命を後押ししました。

しかし、鉄器ができる以前とその後とでは、政治や経済のシステムも生産活動も大きく異なるはずで、それなら宗教の性質も異なり、生きることに対する考え方もかなり違ったのではないでしょうか。私はそう考えています。

鉄の文化の確立から３４００年。今、世界には経済的なフロンティアがなくなりつつあります。物がいきわたり、そう遠くない将来、世に溢れるお金を投資する先が少なくなり、人為的に波を作らなければ儲からない時代がやってくるでしょう。もうその兆候は見えています。

今の経済が袋小路に行きつく前に、経済のあり方を見直さなければなりません。それと共に、その経済システムの影響を受けてきた、私たち自身の生き方をも見直すべき時がやってきます。お金と物への価値だけでなく、３０００年以上前、鉄器が生まれる前に重視していたであろうこと、精神的な充実や、物以外への感謝、こういうものを取り戻すことで、私たちの生活は新たな段階に入るのではないでしょうか。

世界中に物が普及し、鉄の経済は、一定の成功を収めたことになります。そして今、コンピューターが人間の代わりに働き、物もサービスも生みだす人工知能の時代が始まりました。10年後、20年後には、私たちが当たり前だと思っている多くの仕事はもうないでしょう。私の幼い頃にいた駅の改札口で切符を切っていたおじさんのように。

私たちの生活は今後大きく変わります。生き方も変わります。働き方も変わります。自分の所有する物と金融資産を増やすことばかりの経済から、世の中全体のために人間一人ひとりが働く世の中へ、少しずつ社会は変わっていく。そのための経済、たとえば原丈人氏が提唱する「**公益資本主義**」もその一つであるような、新しい経済のあり方を考えなくてはなりません。政治の役目は、その実現のための政策を立案してゆくことです。

世界が変わる、世界を変える

今一度足下を見れば、新型コロナウイルスの感染が猛威を振るっています。日本国内で初めて確認されたのが今年、２０２０年1月16日でした。発生源となった中国の武漢が閉鎖されたのが1月23日です。世界規模の大問題として各国は対応しましたが、わが政府はなかなか具体的に動きませんでした。2月に国会に提出された本年度予算案にもコロナ対策費は入っていませんでした。見るに見かねて2月下旬、わが会派は不要不急な予算をコロナ対策費に振り替える予算案を提出しました。しかしその組替案は、与党により多数決で否決されます。

そして世界の動きから遅れること2か月、4月下旬にようやく、政府はコロナ対策の補正予算を提出。しかしそれも的外れだったため、すぐさま6月に第二次補正予算を審議することとなりました。

ところが、感染は収束にはほど遠く、失業者もどんどん増え、経済も医療もギリギリな状態にあるにもかかわらず、国会は総理の意向もあり、無理やり閉会です。これだけ多くの国民が困窮している中、何をしているのでしょうか。国民のために働く気のない議員は、国政の場から立ち去るべきです。私は心底落胆しています。

「コロナ後の世界」「アフターコロナ」――こうした言葉が今、メディアに踊っています。しかし、私たちが創るべき社会は、今まで想像もしていなかった姿だとは思えません。むしろそれは、もとより一人ひとりがおぼろげに思い描いていた未来像なのではないでしょうか。これを機に、社会をそこに近づけてゆく。本来進むべき未来に、速度を上げて進んでいく。それが現実的な歩みではないでしょうか。

グローバリズム礼賛を見直し、「閉じた経済圏」を複層的に組み込む。応能負担の原則に立ち返り、支え合いの社会を実現する。エネルギーも生活も人の流れも、一極集中型から多機能分散型へ変えていく。世界の多極化の中で国民生活と主権を守るための外交防衛政策を打っていく。国民一人ひとりが主体的に世の中に参画してゆく。割り切れない世界を生き抜く力を養う——そして、分断ではなく包摂する。

その実現のために、一歩でも前に進む。私は先頭を切って進む覚悟です。みなさん、力を合わせ、世の中をよくしていきましょう。様々な意見を出し合い、励まし合って、生きていきましょう。

おわりに

本書にはほとんどの方のお名前を載せていませんが、振り返ってみると、それぞれの場面で多くの支えがあってこそ、ここまでは来れたということに、あらためて感謝をしています。

また、地元世田谷を歩いていても、「応援してきたが、初めて実物を見た」という方に、多く出会います。私の名前を書いていただいた10万人以上のうち何人を私は存じ上げていますでしょうか。そして先日は大阪でも、「落合さんですか？　応援しています」と、道端で話しかけてくださった方がいらっしゃいました。支えてくださっている多くの方々がいらっしゃることを、私は忘れてはなりません。

国会に身を置く中で、世の中の問題点が、よりはっきりと見えてきました。しかし、それをどうやって改善していくか。これが大きな問題です。一つ一つに政治家が命をかけていかなければ、前進はしません。

ここに指摘した問題を解決するだけでも、命がいくつも必要なわけですが、日本中の有権者のみなさまと、そして、心ある政治家たちと協力しながら、世の中をよくするため、全力で進んでまいります。今後、まだまだ苦難があるでしょうが、精一杯力を出し、必ず乗り越えていきます。

ふと思い立ち本書を執筆することとなりましたが、書くことに慣れていない私にとって、やってみると大変な作業となりました。

やはり、どの世界でも、作品は簡単にはできません。機会を与えてくださった徳宮社長には、心から感謝を申し上げます。

多くのみなさまとの縁に感謝し、そして、この数々の縁が、多くのみなさまの人生を充実させるいいものになることを願い、本書を締めさせていただきます。

世の中をよくするために

落合貴之

【著者紹介】
落合貴之（おちあい・たかゆき）
1979年、東京都世田谷区に生まれる。
慶應義塾大学経済学部卒業後、三井住友銀行に勤務。衆議院議員江田憲司秘書などを経て、2014年12月、衆議院議員選挙にて初当選。衆議院議員2期目を務める。

著者…………落合貴之

印刷／製本……モリモト印刷株式会社
編集／制作……有限会社閏月社

民政立国論

一人ひとりが目指し、挑み、切り拓く新世界

2020年 9 月15日　初版第1刷印刷
2020年10月 1 日　初版第1刷発行

装幀…李舟行

発行者…………徳宮峻
発行所…………図書出版白順社　113-0033　東京都文京区本郷3-28-9
TEL 03(3818)4759　FAX 03(3818)5792

ISBN978-4-8344-0262-9